全国中等职业学校汽车类专业通用
全国技工院校汽车类专业通用（中级技能层级）

汽车驾驶技术（第四版）习题册

张大年　主编

中国劳动社会保障出版社

简介

本习题册是全国中等职业学校汽车类专业通用教材 / 全国技工院校汽车类专业通用教材（中级技能层级）《汽车驾驶技术（第四版）》的配套用书。习题册紧扣教学目标，按照教材章节顺序编排，题型丰富多样，难易配置适当，考查知识覆盖面广，适合学生及驾校学员复习和巩固知识使用。

本习题册由张大年主编，申琳、王书勤、鲍银娟、付亚楠参加编写。

图书在版编目（CIP）数据

汽车驾驶技术（第四版）习题册 / 张大年主编 . -- 北京 : 中国劳动社会保障出版社，2022
全国中等职业学校汽车类专业通用　全国技工院校汽车类专业通用 . 中级技能层级
ISBN 978-7-5167-5710-9

Ⅰ. ①汽…　Ⅱ. ①张…　Ⅲ. ①汽车驾驶 - 中等专业学校 - 习题集　Ⅳ. ①U471.1-44

中国版本图书馆 CIP 数据核字（2022）第 216146 号

中国劳动社会保障出版社出版发行
（北京市惠新东街 1 号　邮政编码：100029）
*
北京市科星印刷有限责任公司印刷装订　　新华书店经销
787 毫米 ×1092 毫米　16 开本　3.75 印张　84 千字
2022 年 12 月第 1 版　　2024 年 12 月第 3 次印刷
定价：7.00 元

营销中心电话：400-606-6496
出版社网址：http://www.class.com.cn
http://jg.class.com.cn

目　录

第一章　汽车驾驶基础知识

§1-1　道路交通安全法律、法规和规章

一、单选题

1.《中华人民共和国道路交通安全法》的立法目的是为了维护道路交通秩序，（　　），提高通行效率。

A．保证车辆高速行驶　　B．圆满完成运输任务
C．保护公民合法权益　　D．更好管理车辆

2．机动车经（　　）登记后，方可上道路行驶。

A．道路运输管理机构　　B．公安机关交通管理部门
C．工商部门　　D．税务部门

3．尚未登记的机动车，需要临时上道路行驶，应（　　）。

A．取得临时通行牌证　　B．到公安机关备案
C．直接上路行驶　　D．在车窗上张贴合格证

4．机动车在（　　）情形下不需要办理相应的登记。

A．所有权发生转移的　　B．用作抵押的
C．进行大修的　　D．报废的

5．允许收缴、扣留机动车驾驶证的机构是（　　）。

A．道路运输管理部门　　B．公安机关交通管理部门
C．工商部门　　D．税务部门

6．驾驶人驾驶机动车上道路行驶前，应对机动车的（　　）进行认真检查。

A．安全技术性能　　B．整体结构
C．所有部件　　D．齿轮油

7．机动车驾驶人（　　）车辆。

A．在没有交通信号时可以任意驾驶　　B．应当依法、安全和文明驾驶
C．在没有交通警察时可随意驾驶　　D．可按照自己的习惯驾驶

8．公安机关交通管理部门对累积记分达到规定分值的机动车驾驶人，扣留驾驶证，对其（　　）。

A．进行道路交通安全法律、法规教育　　B．予以扣留机动车的处理
C．予以吊销行驶证的处理　　D．依法进行行政拘留

9．下列不属于道路交通信号的是（　　）。

A．交通信号灯　　B．交通信息板
C．交通警察的指挥　　D．交通标志

10．没有划分机动车道、非机动车道和人行道的道路，机动车（　　）。
A．在道路两侧通行　　B．在道路中间通行
C．实行分道通行　　D．可随意通行

11．机动车遇有交通警察现场指挥时，应按照（　　）通行。
A．交通标志　　B．交通信号灯
C．交通警察的指挥　　D．交通标线

12．机动车在设有最高限速标志的道路上行驶时，（　　）。
A．不得超过标明的最高时速　　B．允许超过标明最高时速的 10%
C．可以超过车辆的最高设计时速　　D．按规定的最高车速行驶

13．机动车遇有沙尘、冰雹、雨、雪、雾、结冰等气象条件时，应（　　）行驶。
A．以较高速度　　B．以超过规定的最高车速
C．以现有速度　　D．降低速度

14．在没有交通信号的交叉路口遇到车辆缓慢行驶时，机动车应（　　）。
A．借右侧道路超车　　B．从左侧超车
C．依次交替通行　　D．穿插等候的车辆

15．机动车行经没有交通信号的道路，遇行人横过道路时，应（　　）。
A．鸣喇叭，让行人快走　　B．加速行驶
C．减速或停车避让　　D．绕行通过

16．机动车在道路上发生故障，需要停车排除故障时，驾驶人应立即开启危险报警闪光灯，（　　）。
A．就地停车，以免造成机械事故
B．将机动车移至不妨碍交通的地方停放
C．迅速停车，并在车前方设置警告标志
D．停车后迅速报警

17．警车、消防车、救护车、工程救险车执行紧急任务时，其他车辆（　　）。
A．可加速穿行　　B．可谨慎超越
C．视情让行　　D．应当让行

18．警车、消防车、救护车、工程救险车非执行紧急任务时（　　）。
A．不享有道路优先通行权　　B．享有道路优先通行权
C．其他车辆和行人应让行　　D．可以随意穿行

19．在道路上发生交通事故，未造成人身伤亡，当事人对事实及成因无争议的，应（　　）。
A．将车停在原地，保护好现场，等待交通警察前来处理
B．即行撤离现场，自行协商处理损害赔偿事宜
C．不得撤离现场
D．保护现场，请保险公司定损

20．在道路上发生交通事故，仅造成轻微财产损失，并且基本事实清楚的，当事人（　　）。

A．不得撤离现场　　B．应迅速报警

C．应先撤离现场再进行协商处理　　D．应将车停在原地协商赔偿

21．机动车驾驶人违反道路交通安全法律、法规关于道路通行的规定，应处警告或处（　　）。

A．20 元以上 200 元以下罚款　　B．200 元以上 1 000 元以下罚款

C．500 元以上 2 000 元以下罚款　　D．吊销驾驶证

22．对于未取得机动车驾驶证就驾驶机动车的行为，公安机关交通管理部门除按照规定罚款外，还可以并处（　　）。

A．15 日以下拘留　　B．吊销驾驶证

C．扣留车辆　　D．5 年不准领取驾驶证

23．机动车行驶超过规定时速（　　）的，由公安机关交通管理部门处 200 元以上 2 000 元以下罚款，可以并处吊销机动车驾驶证。

A．10%　　B．20%　　C．30%　　D．50%

24．机动车登记，不包括（　　）登记。

A．挂失　　B．注册　　C．变更　　D．注销

25．机动车已注册登记，但机动车所有人的住所迁出公安机关交通管理部门管辖区域，机动车所有人应向登记该机动车的公安机关交通管理部门申请（　　）登记。

A．注册　　B．转移　　C．变更　　D．注销

26．机动车喷涂、粘贴标识或车身广告应遵循的原则是（　　）。

A．可以随意喷涂、粘贴　　B．主要考虑美观

C．不得影响安全驾驶　　D．根据客户要求

27．机动车驾驶人初次申领机动车驾驶证后的（　　）个月为实习期。

A．3　　B．6　　C．12　　D．24

28．机动车驾驶人在实习期内不得驾驶（　　）。

A．小型汽车　　B．出租车

C．自动挡汽车　　D．三轮汽车

29．机动车驾驶证有效期分为（　　）年、10 年和长期。

A．1　　B．2　　C．5　　D．6

30．道路交通安全违法行为的累积记分周期为（　　）个月。

A．3　　B．6　　C．12　　D．24

31．机动车驾驶人累计记分达到 12 分，拒不参加公安机关交通管理部门通知的学习，也不接受考试的，由公安机关交通管理部门（　　）。

A．公告其驾驶证停止使用　　B．扣留其驾驶证

C．吊销其驾驶证　　D．对其加倍处以罚款

32．驾驶人（　　），承担交通事故全部责任。

A．因行人过失造成的事故

B．因非机动车过失造成的事故

C．故意破坏、伪造现场，毁灭证据的

D．因对方机动车违章造成的事故

33．机动车驾驶人交通运输肇事后逃逸或有其他特别恶劣情节的，处（　　）有期徒刑。

A．3 年以上 7 年以下　　B．2 年以上 5 年以下

C．1 年以上 3 年以下　　D．3 年以上 5 年以下

34．机动车驾驶人在紧急避险时，对因（　　）引起的损伤不承担民事责任，可以给予适当补偿。

A．自然原因　　B．避险超过必要的限度

C．措施不当　　D．未采取措施

35．在我国境内道路上行驶的机动车的（　　），应当依照道路交通安全法的规定投保机动车交通事故责任强制保险。

A．所有人或管理人　　B．担保人

C．乘坐人　　D．驾驶人

二、判断题

1.《中华人民共和国道路交通安全法》的立法目的是加强机动车管理。（　　）

2．凡在中华人民共和国境内道路上通行的车辆驾驶人、行人、乘车人，都必须遵守《中华人民共和国道路交通安全法》。（　　）

3．在中华人民共和国境内与道路交通活动有关的单位和个人，都必须遵守《中华人民共和国道路交通安全法》。（　　）

4．在道路上通行的行人、乘车人，应参照执行《中华人民共和国道路交通安全法》。（　　）

5．机动车号牌应按规定悬挂并保持清晰、完整，不得故意遮挡、污损。（　　）

6．任何单位或个人不得伪造、变造机动车登记证书、号牌、行驶证、检验合格标志、保险标志。（　　）

7．单位或个人可以临时使用其他机动车的检验合格标志、保险标志上路行驶。（　　）

8．机动车驾驶人必须经过公安机关交通管理部门考试合格，领取驾驶证，方准在道路上驾驶机动车。（　　）

9．不得驾驶安全设施不全或机件不符合技术标准等具有安全隐患的机动车。（　　）

10．驾驶机动车时，应遵守左侧通行的原则。（　　）

11．道路划分为机动车道、非机动车道和人行道的，机动车、非机动车、行人实行分道通行。（　　）

12．道路养护车辆、工程作业车进行作业时，其他车辆不用让行。（　　）

13．机动车在高速公路上发生故障时，车上人员应迅速转移到故障车前方躲避。（　　）

14．在道路上发生交通事故，造成人身伤亡的，车辆驾驶人因抢救受伤人员变动现场时，应标明位置。（　　）

15．对道路交通安全违法行为的处罚种类包括：警告、罚款、暂扣或吊销机动车驾驶证、拘留。（　　）

16．违反道路交通安全法律、法规的规定，发生重大交通事故，构成犯罪的，依法追究刑事责任，并由公安机关交通管理部门吊销机动车驾驶证。（　　）

17.《中华人民共和国道路交通安全法》中所称的“道路”是指公路、城市道路和虽在单位管辖范围但允许社会机动车通行的地方。 (　　)

18. 广场、公共停车场等用于公众通行的场所，不属于《中华人民共和国道路交通安全法》中所称的“道路”。 (　　)

19.《中华人民共和国道路交通安全法》中所称的“交通事故”是指车辆在道路上因过错或意外造成的人身伤亡或财产损失的事件。 (　　)

20. 已注册登记的机动车更换发动机的，机动车所有人应向登记该机动车的公安机关交通管理部门申请变更登记。 (　　)

21. 在实习期内驾驶机动车的，应在车身后部粘贴或悬挂统一式样的实习标志。(　　)

22. 机动车驾驶人在一个记分周期内记分达到 12 分的，不得驾驶机动车。 (　　)

23. 在快速车道行驶的机动车应按照快速车道规定的速度行驶，未达到快速车道规定的行驶速度的，应在慢速车道行驶。 (　　)

24. 机动车通过铁路道口时，最高行驶速度不得超过 40 km/h。 (　　)

25. 机动车倒车时，应先察明车后情况，确认安全后倒车。 (　　)

26. 机动车不得在隧道中倒车。 (　　)

27. 在划有导向车道的路口，机动车应按所需行进方向驶入导向车道。 (　　)

28. 机动车通过没有交通信号灯控制也没有交通警察指挥的交叉路口，相对方向行驶的右转弯的机动车让左转弯的车辆先行。 (　　)

29. 机动车在高速公路上行驶，与同车道前车的最小距离不得少于 30 m。 (　　)

30. 机动车在高速公路上行驶，遇雾天等气象条件，能见度小于 50 m 时，车速不得超过 20 km/h，并从最近的出口尽快驶离高速公路。 (　　)

31. 机动车在高速公路上，非紧急情况时可在应急车道行驶或停车。 (　　)

32. 在高速公路加速车道或减速车道上允许机动车超车。 (　　)

33. 机动车驾驶人因违反交通运输管理法规而发生重大事故，使公私财产遭受重大损失，构成交通肇事罪的，处 3 年以下有期徒刑或拘役。 (　　)

34. 机动车驾驶人撞伤行人，应承担交通事故民事责任。 (　　)

35. 机动车驾驶人紧急避险，因措施不当造成他人损伤的，不需要承担民事责任。(　　)

36. 醉酒后驾驶机动车的，公安机关交通管理部门可以扣留驾驶证。 (　　)

37. 交通警察发现驾驶人有吸毒后驾驶机动车嫌疑的，应对其进行体内精神药品含量检验。 (　　)

38. 检验交通违法行为人的体内酒精含量，公安机关应通知当事人家属。 (　　)

39. 机动车驾驶人累计记满 12 分被扣留驾驶证的，可到驾驶证核发地或违法行为地公安机关交通管理部门参加学习和考试。 (　　)

40. 驾驶人醉酒后发生道路交通事故造成受害人财产损失的，保险公司不承担赔偿责任。 (　　)

§1–2　道路交通信号及其含义

一、单选题

1．交通信号灯的红灯亮时，表示（　　）。
A．准许通行　B．禁止通行　C．警示慢行　D．停车让行

2．交通信号灯的绿灯亮时，表示（　　）。
A．禁止通行　B．加速通行　C．准许通行　D．停车让行

3．交通信号灯的黄灯持续闪烁时，表示（　　）。
A．禁止通行　B．准许通行　C．停车　D．警示

4．交通信号灯的绿灯亮时，（　　）。
A．右转弯车辆优先通行
B．左转弯车辆优先通行
C．转弯车辆不得妨碍被放行的直行车辆、行人通行
D．转弯车辆不准通行

5．交通信号灯的红灯亮时，（　　）车辆在不妨碍被放行的直行车辆、行人通行的情况下，可以通行。
A．右转弯　B．左转弯
C．T 形路口的转弯　D．各方行驶

6．交通信号灯的红灯亮时，车辆应停在（　　）。
A．停止线以内　B．人行横道线上　C．交叉路口内　D．停止线以外

7．交通信号灯的黄灯亮时，（　　）。
A．允许车辆通行　B．已越过停止线的车辆可以继续通行
C．允许车辆左转弯　D．车辆应加速通过

8．车道信号灯的红色叉形灯亮时，本车道（　　）。
A．禁止车辆通行　B．准许车辆左转弯
C．准许车辆右转弯　D．准许车辆通行

9．绿色方向指示信号灯的箭头方向向上，准许车辆（　　）。
A．左转　B．右转　C．直行　D．掉头

10．红色方向指示信号灯的箭头方向向上，禁止车辆（　　）。
A．左转　B．右转　C．直行　D．掉头

11．闪光警告信号灯为持续闪烁的黄灯，提示车辆、行人（　　）。
A．加速通过
B．禁止通行
C．可以继续通行
D．通行时注意观察周围的情况，确认安全后通过

12．道路与铁路平面交叉道口有两个红灯交替闪烁或一个红灯亮时，（　　）。

A．车辆在确保安全的情况下可以通行
B．禁止车辆、行人通行
C．禁止车辆通行，但行人可以通行
D．禁止行人通行，但车辆可以通行

13.  图中所示标志是（　　）。

A．警告标志　　B．禁令标志　　C．指示标志　　D．指路标志

14. 警告标志的作用是警告（　　）。

A．车辆、行人注意危险地点　　B．车辆、行人不准通行
C．驾驶人前面有弯路　　D．驾驶人前面容易拥堵

15.  图中所示标志是（　　）。

A．警告标志　　B．禁令标志　　C．指示标志　　D．指路标志

16. 指路标志的作用是（　　）。

A．警告车辆和行人注意危险地点
B．禁止或限制车辆和行人交通行为
C．指示车辆和行人行进
D．传递道路方向、地点、距离信息

17. 指示标志是指示车辆、行人（　　）。

A．注意危险地点
B．按标志指示的路线、方向行驶
C．注意行驶
D．可以通行的方向，但可以不按指示的方向通行

18. 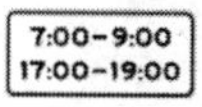 图中所示标志是（　　）。

A．警告标志　　B．禁令标志　　C．指路标志　　D．辅助标志

19. 主标志无法完整表达或指示其规定时，为维护行车安全与交通畅通的需要，应设置（　　）。

A．指示标记　　B．警示标记　　C．辅助标志　　D．立面标记

20.  图中标志的含义是（　　）。

A．驼峰路　　B．连续弯路　　C．隧道　　D．村庄

21.  图中警察手势为（　　）信号。

A．减速慢行　　B．示意车辆靠边停车
C．变道　　D．右转弯

22.  图中所示为车道分界线，用来分隔（　　）。

A．同方向行驶的车辆　　B．对向行驶的车辆

C. 机动车、非机动车和行人　　D. 机动车和非机动车

23. 图中标志的含义是（　　）。

A. 桥面变宽　B. 两侧变宽　C. 窄桥　D. 驼峰桥

24. 交通标线按功能可分为（　　）标线。

A. 指路　　B. 禁令
C. 车道线、出入口　　D. 指示、禁止、警告

25. 图中所示为（　　）标线。

A. 禁止临时停车　　B. 禁止停车
C. 禁止长时停车　　D. 可以长时或临时停车

26. 图中标志的含义是（　　）。

A. 解除禁止鸣喇叭　　B. 环岛通行
C. 禁止停车　　D. 禁止通行

27. 图中标志的含义是（　　）。

A. 限制车距　B. 限制高度　C. 限制宽度　D. 解除限制高度

28. 图中标志的含义是（　　）。

A. 限制质量　B. 道路标号　C. 限制速度　D. 解除限制速度

29. 图中标志的含义是（　　）。

A. 禁止车辆长时停放　　B. 禁止机动车驶入
C. 禁止驶入　　D. 会车让行

30. 图中标志表示该处为（　　）。

A. 学生通道　B. 步行街　C. 人行横道　D. 儿童通道

31. 图中标志表示机动车驶入前方道路的（　　）。

A. 平均时速限制　　B. 最低时速限制
C. 解除最低限速　　D. 最高时速限制

32. 图中标志表示只准一切车辆（　　）。

A. 直行　B. 驶入　C. 单行　D. 禁行

二、判断题

1. 车道信号灯的红色叉形灯亮时，本车道准许车辆通行。（　　）
2. 车道信号灯的红色箭头灯亮时，本车道禁止车辆通行。（　　）
3. 红色方向指示信号灯的箭头方向向左，表示准许车辆左转弯。（　　）
4. 绿色方向指示信号灯的箭头方向向上，表示准许车辆直行。（　　）

5．绿色方向指示信号灯的箭头方向向右，表示准许车辆右转弯。（　　）

6．红色方向指示信号灯的箭头方向向右，表示准许车辆右转弯。（　　）

7．绿色方向指示信号灯的箭头方向向左，表示准许车辆直行。（　　）

8．图中是易滑标志。（　　）

9．图中是禁止左侧绕行标志。（　　）

10．图中是禁止通行标志。（　　）

11．图中是禁止非机动车驶入标志。（　　）

12．图中是解除禁止超车标志。（　　）

13．图中是限制轴重标志。（　　）

14．图中是停车检查标志。（　　）

15．图中是停车让行标志。（　　）

16．图中是禁止向左转弯标志。（　　）

17．图中是向左向右转弯标志。（　　）

18．立面标记是提醒驾驶人注意，在行车道或近旁有高出路面的构造物，以防止发生碰撞的标记。（　　）

19．7:30-10:00 图中标志的含义是确定主标志规定的时间范围。（　　）

20．货车 拖拉机 图中标志的含义是确定主标志规定车辆的种类。（　　）

21．图中所示白色实线是车道边缘线，用来指示机动车道的边缘。（　　）

22．图中警察手势为减速慢行信号。（　　）

23．图中警察手势为示意车辆靠边停车信号。（　　）

24．P 图中所示为高速公路停车场标志。（　　）

§1-3　驾驶员的职业道德

一、单选题

1．驾驶员的职业道德是驾驶员在（　　）中从思想到行为应遵循的行为准则和道德规范。

A．驾驶活动　　B．职业活动　　C．日常生活　　D．学习生活

2．合格的驾驶员不仅要具备法律责任意识、安全驾驶技术，还应具备良好的（　　）。

A．驾驶技巧　　B．灵活头脑　　C．职业道德　　D．学习能力

3．（　　）是驾驶员职业道德的基本要求，也是安全行车的重要保障。

A．遵章守法　　B 爱岗敬业　　C．勤于学习　　D．节能减排

4．道路交通系统四要素中，（　　）与交通安全的关系最为紧密。

A．人　　B．车　　C．道路　　D．管理

5．驾驶员具备（　　），可以极大降低交通事故的危害程度和发生概率。

A．娴熟的驾驶技术　　B．丰富的专业知识

C．预见性驾驶能力　　D．清醒的头脑

6．安全驾驶的三条黄金原则是集中注意力、仔细观察和（　　）。

A．胆大心细　　B．手脚麻利　　C．提前预防　　D．低速行车

7．（　　）是驾驶员必须遵守的基本准则。

A．遵章守法　　B.《道路交通安全法》及相关法规

C．谨慎驾驶　　D．低速行车

8．（　　）的行为不属于文明驾驶。

A．上车佩戴安全带　　B．行车中不接打电话

C．市区行车使用远光灯　　D．停车礼让行人

9．驾驶员在运输途中遇到道路交通拥堵，应该（　　）。

A．穿插抢行，快速通过　　B．随意变道，绕过拥堵

C．坚持安全、文明行车　　D．鸣喇叭提醒前方让行

10．驾驶员在职业活动中遵章守法，从不超载和超速，他的行为（　　）。

A．不符合职业道德要求　　B．影响经济效益

C．符合社会责任要求　　D．侵害企业的利益

11．行车中发现有需要援助的车辆时，应（　　）。

A．减速停车，帮助对方　　B．加速通过

C．不予理睬　　D．找理由拒绝

12．行车中遇其他驾驶员向自己询问路线时，应（　　）。

A．不予理睬　　B．耐心回答

C．找理由拒绝　　D．有偿回答

13．行车中遇有前方发生交通事故，需要帮助时，应（　　）。

A．尽量绕道躲避　　B．立即报警，停车观望

C．协助保护现场，并立即报警　　D．加速通过，不予理睬

14．行车中遇交通事故受伤者需要抢救时，应（　　）。

A．及时将伤者送医院抢救或拨打急救电话

B．尽量避开，少惹麻烦

C．绕过现场行驶

D．借故避开现场

15．行车中遇到对向来车占道行驶，应（　　）。

A．紧靠道路中心行驶　　B．主动给对方让行

C．用前照灯警示对方　　D．逼对方靠右行驶

16．行车中发现前方道路拥堵时，应（　　）。

A．寻找机会超越前车　　B．从车辆间穿插通过

C．减速停车，依次排队等候　　D．鸣喇叭催促

17．会车中遇到对向来车行进有困难需借道时，应（　　）。

A．不侵占对方道路，正常行驶　　B．示意对方停车让行

C．靠右侧加速行驶　　D．尽量礼让对方先行

18．驾驶车辆正常行驶时，对道路情况的处理要有预见性，在接近障碍时能（　　）。

A．紧急制动停车　　B．急转向迅速绕过

C．迅速躲避不发生碰撞　　D．平稳停车

19．驾驶车辆时，要安全行车，（　　），友好驾驶。

A．文明礼让　　B．动作麻利

C．方便自己　　D．起步迅速

20．驾驶员在超车时，前方车辆不减速、不让道，应（　　）。

A．连续鸣喇叭加速超越　　B．加速继续超越

C．停止继续超车　　D．紧跟其后，伺机再超

21．驾驶员在行车中经过积水路面时，应（　　）。

A．特别注意减速慢行　　B．迅速加速通过

C．保持正常车速通过　　D．低挡加速通过

22．发现前方道路堵塞，正确的做法是（　　）。

A．继续穿插绕行　　B．选择空当逐车超越

C．鸣喇叭示意前方车辆快速行驶　　D．按顺序停车等候

23．车辆在拥挤路段低速行驶时，遇其他车辆强行“加塞”，应（　　）。

A．鸣喇叭警告，不得进入　　B．加速行驶，紧跟前车，不让其进入

C．主动礼让，确保行车安全　　D．挤靠“加塞”车辆，逼其离开

24．当驾驶车辆行经两侧有行人且有积水的路面时，应（　　）。

A．加速通过　　B．正常行驶

C．减速慢行　　D．连续鸣喇叭

25．当驾驶员与其他人员发生矛盾或争执时，要做到（　　）。

A．在驾车时发泄情绪　　B．带着情绪驾车

C．开赌气车　　D．待情绪平静后再驾车

二、判断题

1. 夏季天气炎热，小张接到朋友电话后来不及更换拖鞋就驾车外出。这种行为不会影响安全驾驶。（ ）

2. 机动车之间发生交通事故，不管是否有人员伤亡，只要双方当事人同意，都可以自行协商解决。（ ）

3. 驾驶员职业道德是驾驶员在从事职业活动过程中形成的一种内在的、强制性的约束机制。（ ）

4. 不良情绪会对驾驶员心理产生影响，从而影响行车安全。（ ）

5. 驾驶员在行车过程中遇到别人争道抢行时，应和他比试驾驶技术，教训对方的不文明行为。（ ）

6. 疲劳驾驶会导致驾驶员身体机能下降，影响行车安全。（ ）

7. 行车速度越快，驾驶员的反应越快、精力越集中。（ ）

8. 驾驶员应保持车容整洁、车况良好、安全装置齐全有效。（ ）

9. 增强驾驶员的安全驾驶意识，自觉遵守交通规则，是预防交通事故的首要任务。（ ）

10. 驾驶人在行车中应严格遵守法律法规的有关规定，自觉维护交通秩序。（ ）

11. 一个合格的驾驶员，不仅表现在技术的娴熟上，更重要的是应该具有良好的驾驶行为习惯和道德修养。（ ）

12. 在正常行车中，尽量靠近中心线或压线行驶，不给对向车辆留有侵占行驶路线的机会。（ ）

13. 驾驶车辆在不同道路行驶时，应自觉遵守速度规定，不超速行驶。（ ）

14. 驾驶员一边驾车一边接打手持电话是违法行为。（ ）

15. 在道路上超车时，应尽量加大横向距离，必要时可越实线超车。（ ）

16. 行车中，遇其他驾驶员要求帮助时，可答应请求，热情相助。（ ）

17. 遇其他车辆发生交通事故急需帮助运送伤员时，应予以拒绝，让其耐心等待救护车。（ ）

18. 遇道路上发生交通事故时，应尽快绕道或掉头躲避，千万不要去帮助运送伤员。（ ）

19. 在道路上跟车行驶时，跟车距离不是主要的，只需保持与前车相等的速度，即可防止发生追尾事故。（ ）

20. 行车时应注意观察近距离路面情况，以防偏离行驶路线。（ ）

21. 遇到路口情况复杂时，应做到“宁停三分，不抢一秒”。（ ）

22. 行车中要文明驾驶，礼让行车，做到不开英雄车、冒险车、赌气车和带病车。（ ）

23. 驾车经过不允许鸣喇叭的路段，遇行人没有及时让路时，应断续鸣喇叭提醒让行。（ ）

24. 驾驶员在观察后方无来车的情况下，未开转向灯就变更车道也是合理的。（ ）

25. 在狭窄的路段会车时，应做到礼让三先：先慢、先让、先停。（ ）

26. 驾驶车辆时，长时间左臂搭在车门窗上，或长时间右手抓住变速器操纵杆球头，是一种驾驶陋习。（ ）

27. 驾驶员一边驾车一边吸烟，对安全行车无影响。（ ）

28. 驾驶员频繁变更车道不属于驾驶陋习。（ ）

第二章　汽车基础知识

§2-1　汽车的整体构造

一、填空题

1．汽车一般由________、________、________和________四部分组成。

2．根据使用的燃料不同，发动机通常可分为________和________两种。

3．柴油发动机的点火方式和汽油发动机不同，为________式，所以没有________系。

4．汽油发动机由______大机构和______大系统组成。

5．________机构由机体组、活塞连杆组和由轴飞轮组等组成。

6．配气机构的主要功用是根据发动机气缸做功顺序，定时________和________进气门及排气门。

7．润滑系向做相对运动的零件表面提供清洁的________，减轻机件的________。

8．常用的转向系统可分为________转向系统、________转向系统、________转向系统和________转向系统四种类型。

9．驻车制动系统可分为________驻车制动系统和________驻车制动系统两种类型。

10．行车制动系统根据制动力传递介质不同，可分为________制动系统和________制动系统。目前轿车多采用________制动系统。

11．车身可分为________和________两种。

二、单选题

1．发动机冷却液不能进行循环时，将会使发动机（　　）。

A．燃料消耗降低　　B．温度过低

C．燃料消耗不变　　D．温度过高

2．发动机润滑系的主要作用是（　　）。

A．密封　　B．冷却　　C．清洗　　D．润滑

3．发动机的动力是经离合器、变速器、传动轴，传给（　　）。

A．减振器　　B．转向节　　C．驱动轮　　D．从动轮

4．汽车制动时，如果前轮单侧制动器起作用，将会引起汽车（　　），极易发生事故。

A．侧滑　　B．跑偏　　C．溜车　　D．抖动

三、判断题

1. 冷却系保障发动机的工作温度，满足发动机长时间工作需要。 （ ）
2. 传动系的作用是把发动机输出的动力传递到驱动轮，驱动车辆运动。 （ ）

§2-2 汽车的性能及评价指标

一、填空题

1. 汽车行驶需要具备的两个基本条件是________和________。
2. 汽车的行驶阻力主要包括________阻力、________阻力、________阻力和________阻力。
3. 影响空气阻力的因素主要有汽车形状、________面积和________。
4. 附着系数的大小主要取决于路面的种类和________、轮胎________及材料、轮胎________等。
5. 通常评定汽车的性能指标有________、________、________和________、操控稳定性及通过性等。
6. 汽车动力性的评价指标有________、________和________。
7. 汽车经济性的评价指标有________燃料消耗量和________的燃料消耗量。
8. 汽车制动性的评价指标主要有________、________和制动时汽车的方向________。
9. 汽车通过性的几何参数包括________、________、________和通过角、纵向通过半径、最小转弯半径。
10. 汽车平顺性的评价指标包括________和________。

二、单选题

1. 汽车必须具有足够的（ ）以克服各种行驶阻力。

A．驱动力　B．空气阻力　C．滚动阻力　D．加速度

2. 汽车行驶时受到空气的作用力在行驶方向上的分力称为（ ）。

A．压力　B．空气阻力　C．滚动阻力　D．加速阻力

3. 车速较高时，行驶阻力中的（ ）是其主要部分。

A．坡度阻力　B．空气阻力　C．滚动阻力　D．加速阻力

4. 高速公路在平原微丘区的最大坡度为（ ）。

A．3%　B．5%　C．9%　D．10%

5. 汽车起步或加速行驶时，驱动力与行驶阻力的关系应为（ ）。

A．无关系　B．大于　C．等于　D．小于

6. 硬质粗糙路面附着系数高，但如果有泥土覆盖或雨水集聚时，其路面附着系数会（ ）。

A. 没变化　B. 升高　C. 降低　D. 变成0

7. 行驶在附着系数高的路面上，车辆的（ ）会增加。

A. 空气阻力　B. 驱动力　C. 行驶阻力　D. 轮胎气压

8. 车辆保持（ ）行驶会提高燃料经济性。

A. 最高车速　B. 经济车速　C. 低速　D. 低挡

9. 车辆装载质量越大，（ ）会相应增长。

A. 驱动力　B. 燃料经济性　C. 最高行驶速度　D. 制动距离

10. 能够降低车辆行驶速度，增加制动器使用寿命的制动方式是（ ）。

A. 机械制动　B. ABS　C. 驻车制动　D. 发动机制动

11. 在松软路面行驶，可以（ ）来增强车辆通过性。

A. 降低轮胎气压　B. 增加轮胎气压

C. 增大驱动力　D. 增加载荷

12.（ ）是指车辆能否按照驾驶员的意愿自如地进行控制。

A. 动力性　B. 燃料经济性

C. 通过性　D. 操纵稳定性

三、判断题

1. 发动机的功率越大，车辆的加速性能就越好。（ ）
2. 轮胎的气压越高，车辆的通过性越好。（ ）
3. 轮胎的花纹对车辆的性能没有影响。（ ）
4. 发动机的功率大小决定了车辆的动力性。（ ）
5. 长时间频繁持续踩制动踏板对汽车的制动性没有影响。（ ）
6. 下长坡时采取淋水等降温措施，可以减缓车轮制动器的热衰退。（ ）
7. 车辆的接近角和离去角越大，车辆的通过性相对越好。（ ）
8. 应根据不同的使用条件来选择不同花纹的轮胎。（ ）
9. 降低轮胎气压可以提高汽车的操纵稳定性。（ ）

§2-3 汽车操纵装置的认知与规范操作

一、填空题

1. 汽车操纵装置包括____________、____________操纵杆、____________操纵杆、__________踏板、__________踏板、__________踏板，简称“一盘、二杆、三板”。

2. 制动踏板的作用是使汽车________或________。根据制动系的分类，制动踏板可分为________制动和________制动两种。

3. 离合器踏板可通过控制发动机与传动系的________或________，从而实现动力的

________或________，以利于发动机的起动和车辆的起步、换挡及停车动作的实现。

4. 变速器操纵杆的功用是通过变换挡位，改变发动机输出的________和________，并使汽车________或________。

5. 自动变速器的挡位通常有 P、R、N、D、2（或 S）、L（或 1）等，P 为________挡，R 为________挡，N 为________挡，D 为________挡，S 为____________。

6. 驻车制动器操纵杆主要用于汽车在上坡路上________或停车后____________，紧急情况时还可配合行车制动器使汽车减速和停车。

7. 汽车转向灯的主要作用是指示汽车________________，提示周边车辆及行人________________。

8. 汽车空调的作用是随着气候环境的变化调节车内空气的________、________、________、________，同时有防止风窗玻璃________、________或________的作用，在特殊气候条件下可最大限度地保证车内人员的舒适、安全和视野。

9. 按照控制方式不同，车用空调可分为________空调和________空调。

10. 汽车座椅的调整包括________调整、________调整、________调整和________调整。

二、单选题

1. 转向盘的正确握法是双手握在转向盘两侧盘缘的（　　）位置。

A. 5 点钟和 6 点钟　　B. 9 点钟和 3 点钟

C. 12 点钟和 6 点钟　　D. 10 点钟和 4 点钟

2. 转动转向盘时应（　　）。

A. 左手为主，右手为辅　　B. 左右手同步

C. 右手为主，左手为辅　　D. 单手转动

3. 制动踏板的（　　）大小直接影响制动时间和制动距离。

A. 踩踏力度　　B. 踏板面积　　C. 反馈力　　D. 自由行程

4.（　　）不是汽车主动安全系统。

A. ABS　　B. EBD　　C. EFI　　D. BOS

5. 踏制动踏板时，应用（　　）踩踏。

A. 左脚前掌　　B. 右脚前掌　　C. 右脚心　　D. 右脚跟

6. 当驾驶员临时停车或等待红绿灯时需要使用（　　）固定车辆。

A. 制动踏板　　B. 空挡　　C. 驻车制动器　　D. 发动机制动

7. 电子驻车制动器的英文标识为（　　）。

A. P　　B. N　　C. S　　D. AUTO HOLD

8. 灯光组合开关的“AUTO”挡是指（　　）。

A. 空挡　　B. 远光　　C. 近光　　D. 自动灯光

9. 夜间驾驶车辆进入道路照明条件良好的城市时应（　　）。

A. 开启远光　　B. 关闭远光　　C. 开启双闪　　D. 开启雾灯

10. 非雨雾天气使用雨刮时应先（　　）。

A. 开启洗涤泵　　B. 开启雨刮　　C. 开启近光灯　　D. 开启雾灯

11. 使用空调系统应先开启（　　）。

A．AC 开关　　B．鼓风机　　C．车窗　　D．刮水器

12．安全带属于（　　）。

A．主动安全装置　　B．被动安全装置

C．电子控制装置　　D．车身稳定装置

13．车速里程表由车速表和里程表两部分组成，车速表指示（　　）。

A．加速时间　　B．行驶速度　　C．发动机转速　　D．累计里程

14．座椅安全头枕的主要作用是（　　）。

A．在车辆行驶过程中使头部放松　　B．车辆发生追尾事故时保护颈椎

C．车辆发生追尾事故时保持正确姿势　　D．长时间驾驶时使颈部放松

15．调节座椅头枕高度，使头枕中心（　　）。

A．抵住脖子　　B．与颈平齐　　C．与头平齐　　D．抵住颈椎

16．驾驶车辆上道路行驶前，应系好安全带，其主要目的是（　　）。

A．避免受到管理部门的处罚

B．固定乘坐位置

C．使后背紧靠背椅

D．在车辆发生碰撞或紧急制动时，有效保护身体

17．装有安全气囊的车辆在行驶中，前排乘员（　　）。

A．必须系好安全带　　B．不必系安全带

C．安全带可系可不系　　D．用手抓住安全带

18．驾驶员调整座椅时，应调整到（　　）的位置。

A．双手伸直后手尖能碰到转向盘顶端

B．双手伸直后手腕过转向盘顶端

C．能将加速踏板轻松踏到底

D．能将离合器踏板和制动踏板轻松踏到底

三、判断题

1．解除安全带只需把插锁松开即可，安全带可自动收回。（　　）

2．驾驶员必须佩戴安全带，副驾驶及乘员可以不佩戴安全带。（　　）

3．在道路上临时停车或发生故障时应及时开启危险报警闪光灯。（　　）

4．使用空调时，应先打开 AC 开关，再打开鼓风机调节风量。（　　）

5．车窗上沾满灰尘影响驾驶视线时，可以打开雨刮开关用雨刮清除车窗上的灰尘。（　　）

6．夜间驾驶车辆时，可一直使用远光灯观察前方道路。（　　）

7．驻车制动器指示灯熄灭就代表驻车制动完全释放。（　　）

8．拉紧驻车制动器操纵杆时应尽力将其拉到极限位置。（　　）

9．车辆临时停靠的时候，将自动变速器操纵杆置于“N”位置即可，不需要再使用驻车制动器。（　　）

10．在进行换挡操作时，一定要低头看清楚挡位进行操作。（　　）

11．踩踏踏板时，一般都需要以脚跟为支点进行操作，所以严禁穿高跟鞋或拖鞋进行操作。（　　）

12. 踩踏离合器踏板时应快踩快放，减少车辆动力传输的中断时间。（　　）

13. 驾驶车辆时，为了减轻驾驶员的疲劳，可单手操纵转向盘。（　　）

14. 为了防止制动时发动机熄火，应先踩下离合器踏板，再踩下制动踏板进行制动。（　　）

15. 为了快速转向，应把转向盘转到极限位置。（　　）

16. 佩戴安全带时，肩带应跨过胸腔，腰带应紧贴髋骨，不要将安全带扭曲使用。（　　）

17. 在不影响操作的情况下，座椅离转向盘应尽可能近一些。（　　）

18. 在行车过程中开启危险报警闪光灯的情况下，要多注意闪光指示灯的闪烁频率变化，如果闪烁频率加快则表明闪光灯出故障。（　　）

19. 孕妇必须佩戴安全带，腰带要位于腹部以下。（　　）

20. 牵引故障机动车时，牵引车和被牵引车均应开启危险报警闪光灯。（　　）

§2-4　汽车的日常检查

一、填空题

1. 汽车油液包括__________、__________、__________、__________、__________等。

2. 机油的作用是________、________、________、________、________和________。

3. 机油的检查主要包括机油________和机油________的检查。

4. 机油品质的检查方法有________法、________法、________法、________法。

5. 可以通过查看蓄电池的状态观察窗口、________、________、________来检查和分析蓄电池的技术状况。

二、单选题

1. 出车前应检查机动车转向机构、灯光和（　　）等是否完好。

A．制动　　B．后排座椅　　C．随车工具　　D．音响

2. 检查发动机机油时，应把车停在平坦的地方，在发动机（　　）进行。

A．熄火后立即　　B．怠速时

C．高转速时　　D．冷车起动之前或熄火 30 min 后

3. 车辆日常使用时，应保持轮胎气压正常，检查轮胎外表有无破损，并（　　）。

A．更换新轮胎　　B．进行轮胎换位

C．清洗轮胎　　D．清除胎纹间杂物

4. 使用已经有裂纹或损伤的轮胎行驶，容易导致（　　）。

A．车辆跑偏　　B．爆胎

C．转向失控　　D．行驶阻力增大

5. 使用专用备胎时的错误做法是（　　）。

A．作为正常轮胎长期使用　　B．发生爆胎时临时使用

C．在轮胎漏气时临时使用　　D．不作为正常轮胎使用

6. 汽车日常维护以清洗、补给和（　　）为主要内容。

A．检查　　B．排故　　C．试车　　D．紧固

7．发动机舱的日常检查与维护项目有（　　）。

A．发动机温度　　B．点火正时

C．机油、冷却液、制动液量　　D．发动机有无异响

8．冷却液的检查主要是（　　）。

A．液位和颜色　　B．液位　　C．温度　　D．循环量

9．制动液具有亲水性，日常检查时应注意其（　　）。

A．液位　　B．颜色　　C．循环量　　D．有无气泡

10．电量充足、性能正常的蓄电池，其观察窗口中能看到的颜色应为（　　）。

A．黑色　　B．红色　　C．黄色　　D．绿色

三、判断题

1．查看机油尺时，一定要确认车的四个轮子处在同一水平高度上。（　　）

2．取出机油尺，向上倾斜 45° 角，在光照下观察机油油滴，油滴中无杂质为良好，否则应更换。（　　）

3．加注机油时要尽量多加一些，防止使用过程中缺机油。（　　）

4．冷却液一般每 2 年或行驶 4 万千米更换一次，也可根据实际使用情况而定。（　　）

5．变速箱油过多会造成机件运转的阻力过大，油过少则会造成动力不足、换挡迟钝等现象。（　　）

6．正常情况下，变速箱油是鲜红色的，如果颜色和黏度都发生了变化，说明变速箱油已经氧化变质，需要及时更换。（　　）

7．一般情况下每 4 年更换一次制动液。（　　）

8．一般来说，新的转向助力油偏红色，并且具有一定的透明度，如果长时间不更换，则会变成黑色。（　　）

9．转向助力油不足时，应按规定牌号补足转向助力油；若转向助力油起泡或发白，则应更换。（　　）

10．玻璃水一般是蓝色的，如果发现余量不多，可直接添加自来水。（　　）

11．玻璃水不足时可使用家用洗涤剂兑水补充。（　　）

12．发动机舱内最常见的异物是各种灰尘和油泥，还有柳絮、各种昆虫尸体，甚至还有小动物。（　　）

13．蓄电池电压偏低时，可能出现车辆起动困难或无法起动的情况。（　　）

14．蓄电池在使用一段时间后有轻微的膨胀变形是正常现象。（　　）

15．轮胎的标准气压为 2.2 ~ 2.6 bar，过高易增加轮胎的磨损，还可能造成爆胎；过低则会增加油耗和车辆的颠簸感。（　　）

16．已经出现鼓包的轮胎必须立即更换，否则有爆胎的隐患。（　　）

17．一般来说，正常使用的家用轿车可以每行驶 6 万千米或 5 年更换一次轮胎，对于花纹磨损严重的轮胎则应提早更换。（　　）

18．根据用车环境和开车习惯不同，制动摩擦片没有严格的更换周期，一般行驶 8 万千米左右就要考虑更换。（　　）

19．自动挡汽车的制动摩擦片比手动挡汽车的磨损快，因为自动挡汽车的换挡就是靠加速踏板和制动踏板的协调作用。（ ）

20．前轮的制动摩擦片一般比后轮的小。（ ）

21．为了避免爆胎，平时一定要定期检查轮胎的气压是否符合标准、外表有无损伤等，并清理胎纹间杂物。（ ）

22．为了避免爆胎，要定期进行轮胎换位，适当降低轮胎气压。（ ）

23．专用备胎只能在轮胎漏气或发生爆胎时临时使用。（ ）

24．专用备胎可作为正常轮胎使用。（ ）

25．轮胎气压高于或低于标准均会导致爆胎。（ ）

26．使用已经有裂纹或损伤的轮胎行驶，容易引起爆胎。（ ）

27．行车前的检查包括驾驶室内检查、发动机舱检查、车辆外部检查、轮胎检查。（ ）

28．检查雨刮时，尽量在干燥状态下进行。（ ）

29．行车前发动机舱的检查包括玻璃清洗液、机油、冷却液、蓄电池、制动液、风扇传动带等项目。（ ）

30．发动机起动后故障指示灯点亮说明发动机控制系统工作正常。（ ）

第三章　安全驾驶与文明行车

§3-1　安全驾驶基础

一、单选题

1．驾驶员进入驾驶室前，首先应（　　）并确认安全。
A．观察车辆周围情况　　B．不用观察周围情况
C．开启车门直接上车　　D．注意观察天气情况

2．驾乘员下车时应（　　）。
A．停车后立即开门下车　　B．观察前方交通情况
C．先开车门再观察侧后方情况　　D．先观察侧后方情况，再缓开车门

3．驾驶机动车时，（　　）转向盘。
A．双手可以临时离开　　B．可以随意操作
C．严禁双手同时离开　　D．可以原地转动

4．操纵制动踏板时，（　　）踏板。
A．踏下前注意观察　　B．踏下或抬起时都不得观察
C．踏下时注意观察　　D．抬起时注意观察

5．换挡时（　　）。
A．不得低头下视　　B．慢推、慢拉
C．注意看挡位　　D．猛推、猛拉

6．自动挡汽车的“2”挡在（　　）时使用。
A．缓坡行驶　　B．停车　　C．正常行驶　　D．超车

7．自动挡汽车的“P”挡在（　　）时使用。
A．陡坡行驶　　B．驻车　　C．正常行驶　　D．路口停车

8．驾驶自动挡汽车起步时，（　　），从P挡换入其他挡位。
A．不踏制动踏板　　B．踏下加速踏板
C．踏下制动踏板　　D．解除驻车制动

9．停放自动挡汽车时，变速器操纵杆应在（　　）挡时使汽车熄火。
A．R　　B．N　　C．D　　D．P

10．自动挡汽车起动发动机时，应将变速器操纵杆放在（　　）位置。
A．D挡　　B．P挡　　C．R挡　　D．任意挡

11．无论是打开还是关闭车门，一定要保证车门（　　）。

A．自由状态　　B．始终受控　　C．开启平顺　　D．可靠关闭

12．驾驶员进入车辆前应（　　）车辆外观及周围环境。

A．逆时针观察　　B．顺时针观察　　C．清洗　　D．随便看看

13．驾驶员用遥控钥匙关闭车门后应（　　）。

A．快速离开　　B．观察后方道路情况

C．拉动车门确认闭锁　　D．绕车观察

14．驾驶员下车前需要（　　）次观察车辆后方交通情况。

A．1　　B．2　　C．3　　D．4

15．正确调整驾驶室内后视镜可以帮助驾驶员（　　）。

A．观察车辆正后方道路情况　　B．观察车内乘客

C．观察车侧道路情况　　D．观察自己的仪容

16．起动发动机时，驾驶员应踏下离合器踏板和制动踏板，目的是（　　）。

A．防止带挡起动和溜车　　B．启动迅速

C．节省燃油　　D．没有必要

17．驾驶过程中降挡操作的目的是（　　）。

A．降低车速，增加驱动力　　B．减少油耗

C．提升车速　　D．降低发动机输出功率

18．换挡过程中出现打齿异响，是因为（　　）。

A．发动机动力不足　　B．车速过高

C．离合器踏板没有踏到底　　D．发动机转速高

19．热车的意义是（　　）。

A．对润滑油进行加热

B．使车辆各部件达到正常配合状态并保证润滑效果

C．对冷却系统进行加热

D．使发动机转速提高

20．在道路边临时停车时，右侧车轮与路肩的距离不能超过（　　）cm。

A．20　　B．15　　C．30　　D．50

二、判断题

1．驾驶自动挡汽车时可以用左脚踏制动踏板。（　　）

2．无论是自动挡汽车还是手动挡汽车，都必须用右脚踏制动踏板。（　　）

3．驾驶自动挡汽车在陡坡行驶时应使用“2”挡。（　　）

4．驾驶自动挡汽车在陡坡行驶时应使用“L”挡。（　　）

5．自动挡汽车的变速器操纵杆在P挡以外的位置时不能熄火。（　　）

6．倒车时驾驶员应控制好方向，猛踏加速踏板，快速完成。（　　）

7．停车时驾驶员只要把车辆停进停车线内即可。（　　）

8．雾天驾驶机动车起步时，要开启前、后雾灯和危险报警闪光灯。（　　）

9．车辆起步时，驾驶员要开启左转向灯警示路人及其他车辆。（　　）

10．冬天起动车辆后，应怠速运转10 min后再起步。（　　）

11. 现代车辆技术先进，不需要热车就可以正常驾驶。 (　　)
12. 车辆行驶中，严禁空挡滑行。 (　　)
13. 强制降挡可以快速降低车辆行驶速度，辅助车辆紧急制动。 (　　)
14. 身材矮小的驾驶员可以使用坐垫来提高坐姿。 (　　)
15. 换挡时要求驾驶员做到“及时、准确、平稳、迅速”。 (　　)
16. 发动机起动后，车辆故障指示灯点亮是正常状态。 (　　)
17. 喇叭声音清脆明亮说明车辆蓄电池电量充足。 (　　)
18. 起动发动机前不用观察仪表指示灯。 (　　)
19. 车辆内、外后视镜的作用相同，把车外左、右两侧的后视镜调整正确就可以了。(　　)
20. 安全带只需插进锁扣内就可以了，不需要检查调整。 (　　)

§3-2　驾驶员心理和生理对安全行车的影响

一、填空题

1. 注意就是人们心理活动对一定事物对象的________和________。
2. 积极的意志表现为__________、__________、__________、__________。
3. 人的气质类型分为__________、__________、__________、__________四种。
4. 视力分为____________、____________和____________三种。
5. 夜间会车时，由于对向车开远光灯而引起的视力下降现象是________。
6. 刺激对象不同，反应时间也不同，反应最快的是触觉，其次是________，再其次是________，反应最慢的是________。
7. 汽车速度越快，驾驶员的反应时间越______；车速变慢，反应时间变______。

二、单选题

1. 以 60 km/h 的速度行驶的车辆，驾驶员可看清离车 240 m 处的交通标志，这属于(　　)。

A. 静视力　　B. 动视力　　C. 夜间视力

2. 驾驶员的动视力随车辆行驶速度的变化而变化，速度提高则动视力(　　)。

A. 提高　　B. 降低　　C. 保持不变

3. 对驾驶员来说，一天中最危险的时刻是(　　)。

A. 凌晨　　B. 上午　　C. 中午　　D. 黄昏

4. 汽车在白天驶入公路隧道时，光线突然由明变暗，驾驶员可能感到视觉障碍，这种现象称为(　　)。

A. 明适应　　B. 眩目
C. 暗适应　　D. 暗视力

5. 一般来说，在 30 岁以前反应时间随年龄的增加而(　　)。

A. 增加　　B. 缩短　　C. 保持不变

三、多选题

1．驾驶员一边观察前方道路通行条件，一边用眼睛余光观察左、右后视镜内的交通状况，这属于（　　）。

A．注意的分配　　B．注意的转移

C．有意注意　　D．无意注意

2．为预防眩目，在道路设施方面应（　　）。

A．在上下行车道间设置隔离带　　B．在隔离带上设置防眩板

C．加强路灯照明　　D．在隔离带上种植树木

3．影响驾驶员反应时间的因素有（　　）。

A．车速　　B．刺激对象

C．刺激强度　　D．年龄

E．性别

四、判断题

1．正常行驶在马路上，驾驶员突然被一声剧烈声响吸引，这属于有意注意。（　　）

2．驾驶员的气质是天生的，不受后天环境等因素影响。（　　）

3．人的气质类型有好坏之分，有的气质类型是好的，有的气质类型是坏的。（　　）

4．夜间视力与光线亮度有关，加大亮度可以增强视力。（　　）

5．夜间行车时，驾驶员对物体的可见度是因物体的颜色不同而不同的。红色、白色及黄色是最容易辨认的，绿色则是最不容易辨认的。（　　）

6．驾驶汽车驶出隧道时，光线由暗突然变亮，此时眼睛的适应过程是明适应。（　　）

7．为防止夜间会车时眩目，汽车前照灯应备有远、近两种灯光，会车时使用近光。（　　）

8．刺激部位不同，反应时间不同，脚的反应速度比手快。（　　）

9．同龄的男性驾驶员比同龄的女性驾驶员反应速度要快。（　　）

§3-3　预见性驾驶

一、填空题

1．预见性驾驶就是驾驶员在整个驾驶活动中，随时根据所获得的________，对驾驶活动中存在的________进行判别，并提前做出相应的________。

2．预见性驾驶可以有效地______或______驾驶活动中的安全风险。

3．____________________是驾驶员在驾驶活动中采用预见性驾驶方法的理论依据和前提。

4．引发交通事故的原因可分解为______原因、______原因和______原因。

5．交通事故的______原因是指驾驶员由于受影响驾驶行为的因素制约而导致驾

驶行为直接恶化的原因。

6. 预见性驾驶能力的培养主要有__________能力培养和__________能力培养两个方面。

7. 保持足够的__________可以让驾驶员有足够的时间和空间来采取应对措施避免事故发生。

二、单选题

1. 前方道路上突然滚来一个小皮球，驾驶员应假设（　　）。
   A. 货物散落　　B. 会有儿童跑来捡球
   C. 视而不见　　D. 路人丢弃的

2. 驾驶车辆时，有电话打入，驾驶员应（　　）。
   A. 及时接打电话　　B. 看电话信息
   C. 安全停靠后接打电话　　D. 直接挂掉

3. 行车中突遇对向车辆强行超车，占据自己的车道，正确的做法是（　　）。
   A. 加速行驶　　B. 尽可能减速避让
   C. 保持原车速行驶　　D. 挡住其去路

4. 下雨后路面湿滑，车辆行驶中制动时，容易（　　）。
   A. 引起发动机熄火　　B. 不被其他车辆驾驶员发现
   C. 因视线模糊而撞车　　D. 发生横滑或侧滑

5. 行车中需要借道绕过前方障碍物，但对向来车已接近障碍物时应（　　）。
   A. 降低速度或停车，让对向来车优先通行
   B. 加速提前抢过
   C. 鸣喇叭示意对向车辆让道
   D. 迅速占用车道，迫使对向来车停车让道

6. 车辆驶近人行横道时，应（　　）。
   A. 加速通过
   B. 立即停车
   C. 鸣喇叭示意行人让道
   D. 先注意观察行人、非机动车动态，再通过

7. 行车中要变更车道时，（　　）开启转向灯。
   A. 应提前 1 s　　B. 应至少提前 3 s
   C. 不需要提前　　D. 根据情况决定是否

8. 车辆临时靠边停车后准备起步时，应先（　　）。
   A. 挂起步挡　　B. 鸣喇叭
   C. 观察周围交通情况　　D. 提高发动机转速

9. 驾驶车辆通过无人看守的铁路道口时，应做到（　　）。
   A. 加速通过　　B. 减速通过
   C. 匀速通过　　D. 一停、二看、三通过

§3-4　安全驾驶行为

一、单选题

1．行人参与道路交通的主要特点是（　　）。
A．行动迟缓　B．喜欢聚集、围观
C．稳定性差　D．行走随意性大，方向多变

2．驾驶车辆在交叉路口前变更车道时，应（　　）驶入要变更的车道。
A．在路口前实线区内根据需要　B．在路口实线区内
C．在虚线区按导向箭头指示　D．在路口停止线前

3．驾驶车辆向左变更车道时，应提前（　　），在不影响其他车辆正常行驶的前提下，驶入左侧车道。
A．开启危险报警闪光灯　B．开启右转向灯
C．伸手示意　D．开启左转向灯

4．驾驶车辆汇入主干道车流时，应提前开启转向灯，（　　）。
A．不用观察，直接汇入车流　B．强行汇入车流
C．仔细观察，确认安全后汇入车流　D．加速汇入，连续变更车道

5．行驶车道绿色箭头灯亮，但车辆前方人行横道上仍有行人行走，应（　　）。
A．直接起步通过　B．起步后从行人后方绕过
C．起步后从行人前方绕过　D．等行人通过后再起步

6．在一般道路上倒车时，若发现有车辆通过，应（　　）。
A．继续倒车　B．鸣喇叭示意
C．主动停车避让　D．加速倒车

7．在一般道路上因掉头需要倒车时，应选择在（　　）的地段进行。
A．交通繁忙　B．路面狭窄
C．非机动车和行人较多　D．不影响正常交通

8．从左侧超车但无法保证与正常行驶前车的横向安全距离时，应（　　）。
A．加速超越　B．并行一段距离后再超越
C．放弃超车　D．谨慎超越

9．在没有中心线的道路上超车时，应开启左转向灯，（　　）超越。
A．借人行道　B．鸣喇叭后迅速从两侧
C．从被超车右侧　D．从被超车左侧

10．驾驶的车辆正在被其他车辆超越时，应（　　）。
A．继续加速行驶　B．减速，靠右侧行驶
C．靠道路中心行驶　D．加速让路

11．遇后车发出超车信号时，只要具备让超条件就应（　　）。
A．迅速减速或紧急制动　B．让出适当空间加速行驶

C．主动减速并示意后车超越　　D．靠道路右侧加速行驶

12．驾驶车辆行至道路急转弯处，应（　　）。

A．借对向车道行驶　　B．急剧制动低速通过

C．靠弯道外侧行驶　　D．充分减速并靠右侧行驶

13．车辆在山区道路上进入弯道前，在对面没有来车的情况下，（　　）。

A．应“减速、鸣笛、靠右行”　　B．可靠弯道外侧行驶

C．可短时间借用对向的车道　　D．可加速沿弯道切线方向通过

14．在堵车的交叉路口绿灯亮时，车辆（　　）。

A．可直接驶入交叉路口　　B．不能驶入交叉路口

C．在保证安全的情况下驶入交叉路口　　D．可借对向车道通过路口

15．驾驶车辆驶入铁路道口前减速降挡，进入道口后（　　）。

A．不能变换挡位　　B．可以变换挡位

C．可换为高速挡　　D．停车观察

16．驾驶车辆驶出环岛前，应开启（　　）。

A．左转向灯　　B．危险报警闪光灯

C．右转向灯　　D．远光灯

17．驾驶车辆进入环岛时，（　　）。

A．应开启右转向灯　　B．应开启危险报警闪光灯

C．应开启左转向灯　　D．不用开启转向灯

18．行车中超越右侧停放的车辆时，为预防其突然起步或开启车门，应（　　）。

A．预留出横向安全距离，减速行驶　　B．保持正常速度行驶

C．长鸣喇叭　　D．加速通过

19．行车中遇有非机动车准备绕过停放的车辆时，应（　　）。

A．鸣喇叭示意其让道　　B．让其先行

C．加速绕过　　D．紧随其后鸣喇叭

20．行车中遇非机动车抢行时，应（　　）。

A．鸣喇叭警告　　B．加速通过

C．主动减速让行　　D．临近时突然加速

21．行车中遇羊群横穿道路时，应（　　）。

A．连续鸣喇叭驱逐羊群　　B．加速绕过羊群

C．低速用车冲开羊群　　D．减速慢行，必要时停车避让

22．行车中遇抢救伤员的救护车从本车道逆向驶来时，应（　　）。

A．靠边减速或停车让行　　B．占用其他车道行驶

C．加速变更车道避让　　D．在原车道内继续行驶

23．行车中发现其他机动车行驶异常时，应（　　）。

A．鸣喇叭进行警示　　B．及时采取避让措施

C．开前照灯警告　　D．用车辆阻挡

24．行车中突然有皮球滚到路上，应（　　）。

A．保持原速行驶

B．迅速绕过

C．立即减速，随时准备停车，以防碰撞追逐的儿童

D．从皮球上骑过

25．行车中遇列队横过道路的学生时，应（　　）。

A．提前加速抢行　　B．停车让行

C．降低车速、缓慢通过　　D．连续鸣喇叭催促

26．行车中遇老年人时，应（　　）。

A．提前加速通过　　B．从其身后绕行

C．适当降低车速或停车让行　　D．连续鸣喇叭提醒

27．行车中遇盲人时，应（　　）。

A．鸣喇叭示意其让道　　B．迅速绕过

C．紧随其后行驶　　D．减速、避让

28．车辆通过凹凸路面时，应（　　）。

A．低速缓慢平稳通过　　B．依靠惯性加速冲过

C．空挡滑行驶过　　D．保持原速通过

29．行车中超越骑自行车的成群青少年时，应（　　）。

A．迅速绕过　　B．保持正常速度行驶

C．提前减速慢行，随时准备停车　　D．连续鸣喇叭

30．行车中超越同向行驶的自行车时，合理的做法是（　　）。

A．让自行车先行

B．注意观察动态，减速慢行，留有足够的安全距离

C．连续鸣喇叭提醒其让路

D．持续鸣喇叭并加速超越

31．夜间驾驶车辆遇自行车对向驶来时，应（　　）。

A．连续变换远、近光灯　　B．不断鸣喇叭

C．使用远光灯　　D．使用近光灯，减速或停车避让

32．行车中遇人力车时，应（　　）。

A．加速绕行　　B．减速慢行，留出安全间距

C．紧随其后行驶　　D．鸣喇叭示意其让道

33．行车中遇畜力车时，应（　　）。

A．急加速绕过　　B．临近时鸣喇叭

C．在较远处鸣喇叭，并提前减速　　D．紧随其后行驶

34．车辆在主干道上行驶，驶近主、支干道交汇处时，为防止与从支路突然驶入的车辆相撞，应（　　）。

A．提前减速、观察，谨慎驾驶　　B．保持正常速度行驶

C．鸣喇叭，迅速通过　　D．提前加速通过

35．车辆在允许停车路段停车时，应按（　　）停放。

A．顺行方向靠路中央　　B．顺行方向靠路边

C．逆行方向靠路中央　　D．逆行方向靠路边

36．机动车在道路边临时停车时，（　　）。

A．可逆向停放　　B．可并列停放

C．不得逆向或并列停放　　D．只要方便，可随意停放

37．车辆在雨天临时停车时，应开启（　　）。

A．前、后雾灯　　B．危险报警闪光灯

C．前照灯　　D．倒车灯

38．车辆驶近停在车站的公交车辆时，为预防公交车突然起步或行人从车前穿出，应（　　）。

A．减速，保持足够间距，随时准备停车

B．保持正常车速行驶

C．随时准备紧急制动

D．鸣喇叭提醒，加速通过

二、判断题

1．驾驶车辆变更车道时，应提前开启转向灯，注意观察，保持安全距离，驶入要变更的车道。（　　）

2．驾驶车辆向右变更车道时，应提前开启右转向灯，注意观察，在确保安全的情况下，驶入要变更的车道。（　　）

3．变更车道时只需开启转向灯，便可迅速转向驶入相应的车道。（　　）

4．驾驶车辆汇入车流时，应提前开启转向灯，保持直线行驶，通过后视镜观察左右情况，确认安全后汇入车流。（　　）

5．行车中从其他道路汇入车流前，应注意观察侧后方车辆的动态。（　　）

6．驾驶车辆通过人行横道时，应注意礼让行人。（　　）

7．驾驶车辆驶近人行横道时，若遇行人正在横穿道路，应尽量从行人后方绕过。（　　）

8．临时靠边停车后准备起步时，驾驶员应鸣喇叭示意左侧车道内的车辆让道。（　　）

9．车辆起步前，驾驶员应对车辆周围交通情况进行观察，确认安全时再起步。（　　）

10．车辆在路边起步后应尽快提速，并迅速向左转向驶入正常行驶道路。（　　）

11．倒车前，应仔细观察倒车路线，确认具备安全倒车条件后方可进行倒车。（　　）

12．倒车过程中，要随时注意车头两侧的空间位置，以免因转向角度过大发生剐蹭事故。（　　）

13．倒车过程中要缓慢行驶，注意观察车辆两侧和后方的情况，随时做好停车准备。（　　）

14．在设有中心虚线的道路上，对向有车辆驶来时，应在各自的车道内行驶，不得越过中心线。（　　）

15．在超车过程中预计与对向来车有会车可能时，应提前加速超越。（　　）

16．通过隧道时，不得超车。（　　）

17．通过铁路道口时，不得超车。（　　）

18．通过急转弯路段时，在车辆较少的情况下可以超车。（　　）

19．遇其他车辆超越本车时，不允许向左转向或紧急制动，以免后车反应不及时发生追尾或侧撞事故。（　　）

20．车辆转弯时应沿道路右侧行驶，不得侵占对向的车道，做到“左转转大弯，右转转小弯”。（　　）

21．驾驶车辆进入交叉路口前，应降低车速，注意观察，确认安全。（　　）

22．车辆行经铁路道口，遇前方堵车时，即使交通信号允许通行也不应驶入。（　　）

23．车辆通过铁道路口时，应用低速挡安全通过，中途不得换挡，以避免发动机熄火。（　　）

24．行车中遇挑担或扛农具的人时，应观察其动态，控制好车速，通过时需要保持较大的安全距离。（　　）

25．当行人有交通违法行为时，车辆可以不给行人让行。（　　）

26．掉头时，应观察是否有禁止掉头的标志，严禁在不准掉头的区域掉头。（　　）

27．车辆行至急转弯处时，应减速并靠右侧行驶，防止与越过弯道中心线的对向车辆相撞。（　　）

28．遇到享有优先通行权的车辆时应主动礼让。（　　）

29．车辆通过学校和小区时应注意观察交通标志与标线，低速行驶，不要鸣喇叭。（　　）

§3-5　典型道路条件下安全驾驶

一、单选题

1．高速行车时，车辆受到（　　）的影响，转向盘会有突然“被夺”的感觉，驾驶员应握紧转向盘，减速行驶。

A．冰雪　B．大雨　C．侧风　D．大雾

2．夜间道路环境对安全行车的主要影响是（　　）。

A．能见度低，不利于观察道路交通情况

B．路面复杂多变

C．驾驶员体力下降

D．驾驶员易产生冲动、幻觉

3．夜间驾驶时，人对物体的观察明显比白天差，视距（　　）。

A．变长　B．变短　C．不变　D．无规律

4．山区道路对安全行车的主要影响是（　　）。

A．道路标志少　B．交通情况单一

C．坡长弯急，危险路段多　D．车流密度大

5．驾驶车辆驶入高速公路匝道后，（　　）。

A．允许超车　B．不准掉头

C．允许停车　D．可以倒车

6．驾驶车辆进入高速公路加速车道后，应尽快将车速提高到（　　）km/h 以上。

A．30　B．40　C．60　D．90

7．在同向三车道高速公路上行车，车速高于 90 km/h、低于 110 km/h 的车辆应在（　　）

车道上行驶。

A．最左侧　　B．中间　　C．最右侧　　D．任意

8．在同向四车道高速公路上行车，车速高于 110 km/h 的车辆应在（　　）车道上行驶。

A．最左侧　　B．第二条　　C．第三条　　D．最右侧

9．车辆在高速公路上以 100 km/h 的速度超车时，车辆间最小横向间距应为（　　）m。

A．0.8　　B．1　　C．1.2　　D．1.5

10．车辆在高速公路上以 100 km/h 的速度行驶时，（　　）m 为安全车间距。

A．50　　B．60　　C．80　　D．100

11．车辆在高速公路上以 100 km/h 的速度行驶时，（　　）m 为危险车间距。

A．50　　B．100　　C．110　　D．120

12．驶离高速公路行车道的最佳时机是行至离出口（　　）m 处，开启右转向灯，适当降低车速，平顺地驶入减速车道。

A．2 000　　B．1 000　　C．500　　D．50

13．在高速公路上行车，如果因疏忽驶过出口，应（　　）。

A．在原地倒车驶回　　B．继续向前行驶，寻找下一个出口

C．立即停车　　D．在原地掉头

14．车辆驶出高速公路隧道口时，会突然受到横风的袭击，出现（　　）。

A．减速感　　B．加速感　　C．压力感　　D．方向偏移

15．车辆在山区道路上跟车行驶时，应（　　）。

A．紧随前车之后　　B．适当加大安全距离

C．适当减小安全距离　　D．尽可能寻找超车机会

16．上坡路上尾随前车中途停车时，与前车的距离应（　　）。

A．和平路时相同　　B．比平路时小

C．为平路时的一半　　D．比平路时大

17．在山区道路上超车时，应（　　）超越。

A．选择较缓的下坡路　　B．抓住任何机会尽量

C．选择宽阔的缓上坡路段　　D．选择较长的下坡路

18．在山区道路上遇对向来车时，应（　　）交会。

A．不减速　　B．紧靠道路中心

C．加速　　D．选择安全路段减速或停车

19．下长坡时，车速会因惯性而越来越快，控制车速最有效的方法是（　　）。

A．空挡滑行　　B．利用发动机制动

C．踏下离合器滑行　　D．用行车制动器

20．下长坡时连续使用行车制动器会（　　）。

A．缩短发动机使用寿命

B．增加驾驶员的劳动强度

C．使制动器温度升高而导致制动效果急剧下降

D．容易造成车辆倾翻

21. 车辆行驶至单向放行的隧道口，发现对向有来车时，应（　　）。

A. 减速通过　　B. 在隧道内靠右停让

C. 在隧道外靠右停让　　D. 保持正常车速通过

22. 车辆驶入双向行驶的隧道前，应开启（　　）。

A. 危险报警闪光灯　　B. 远光灯

C. 雾灯　　D. 示廓灯或近光灯

23. 夜间在没有照明条件的道路上行车，车速低于 30 km/h 时，可使用（　　）照明，灯光须照出 30 m 以外。

A. 近光灯　　B. 远光灯

C. 雾灯　　D. 危险报警闪光灯

24. 夜间车辆通过照明条件良好的路段时，应使用（　　）。

A. 雾灯　　B. 近光灯

C. 远光灯　　D. 危险报警闪光灯

25. 夜间行车中，如果灯光照射（　　），有可能是车辆前方道路有急转弯或大坑。

A. 由远及近　　B. 离开路面

C. 距离不变　　D. 由高变低

26. 夜间车辆上坡行驶到坡顶时，灯光照射（　　）。

A. 由路中移到路侧　　B. 由路侧移到路中

C. 离开路面　　D. 距离不变

27. 夜间行车中，前方出现弯道时，灯光照射（　　）。

A. 距离不变　　B. 由高变低

C. 离开路面　　D. 由路中移到路侧

28. 夜间会车时应在距对向来车（　　）m 以外改用近光灯。

A. 30　　B. 50　　C. 100　　D. 150

29. 夜间在窄路、窄桥上与非机动车交会时应使用（　　）。

A. 远光灯　　B. 近光灯

C. 危险报警闪光灯　　D. 雾灯

30. 在高速公路上行车，发现前方有人或动物突然横穿公路时，应（　　）。

A. 迅速采取紧急制动　　B. 迅速向右转向避让

C. 果断采取损失小的避让措施　　D. 迅速向左转向避让

31. 雨天车辆在高速公路上行驶中发生“水滑”现象时，应（　　）。

A. 急踏制动踏板减速　　B. 迅速转动转向盘进行调整

C. 握稳转向盘，逐渐降低车速　　D. 提高车速，增大车轮排水量

32. 在高速公路上行车时，避免发生“水滑”现象的错误措施是（　　）。

A. 不使用花纹沟槽浅的轮胎　　B. 不使用气压过低的轮胎

C. 控制车速，尽量低速行驶　　D. 提高车速，增加排水量

33. 大雨天在高速公路上行车，为避免发生“水滑”而造成危险，应（　　）行驶。

A. 降低车速　　B. 提高车速

C. 安装防滑装置　　D. 增加轮胎气压

34．车辆在高速公路上发生故障需停车检查时，应在（　　）停车。

A．最外侧行车道上　　B．内侧行车道上

C．紧急停车带　　D．匝道口三角地带

35．在高速公路上紧急停车时，驾乘人员应（　　），等候救援。

A．站在车辆右前方路边　　B．不得下车随意走动

C．站在路肩或紧急停车带边　　D．迅速转移至车辆右后侧护栏以外路边

36．在高速公路上遇意外情况必须停车时，严禁在（　　）停车。

A．行车道　　B．路肩　　C．服务区　　D．紧急停车带

37．在高速公路上遇突然情况必须停车时，应（　　）停车。

A．制动减速　　B．逐渐向右变更车道

C．在行车道直接　　D．向右转向

38．如果因车辆故障不能离开高速公路行车道时，错误的做法是（　　）。

A．立即开启危险报警闪光灯

B．在行驶方向后方 150 m 处设立警告标志

C．驾乘人员滞留在车内

D．在夜间需开启示廓灯和尾灯

39．在高速公路上除遇异常情况必须停车外，应选择在（　　）停车。

A．匝道　　B．加速车道

C．减速车道　　D．服务区

40．大雾天在高速公路上遇事故不能继续行驶时，危险的做法是（　　）。

A．尽快从右侧离开车辆

B．尽量站到防护栏以外

C．开启危险报警闪光灯和尾灯

D．迎着来车方向到车后 150 m 以外设置警告标志

二、判断题

1．夜间行车时，驾驶员视距变短，影响观察，同时注意力高度集中，易产生疲劳。（　　）

2．车辆驶入匝道后，应迅速将车速提高到 60 km/h 以上。（　　）

3．车辆在高速公路匝道提速到 60 km/h 以上时，可直接驶入行车道。（　　）

4．遇高速公路上正常行驶的两车辆，后车尾随前车相距较近时，应选择时机迅速从中间插入。（　　）

5．车辆应靠高速公路右侧的路肩上行驶。（　　）

6．高速公路上的安全距离确认路段，用于确认车速为 100 km/h 时的安全距离。（　　）

7．车辆在高速公路上以 100 km/h 的速度行驶时，100 m 以上为安全距离。（　　）

8．在高速公路上行车，如果因疏忽驶过出口，可沿路肩倒车退回出口处。（　　）

9．车辆驶离高速公路时，应经减速车道减速后进入匝道。（　　）

10．在高速公路上变更车道时，应提前开启转向灯，观察情况，确认安全后，缓转转向盘，驶入需要变更的车道。（　　）

11．在高速公路上行车，能见度小于 100 m 时，车速不得超过 40 km/h，并与前车保持

50 m 以上距离。 (　　)

12．高速公路上因事故造成堵车时，可在右侧紧急停车带或路肩行驶。 (　　)

13．车辆上坡行驶时，要提前观察路况、坡道长度，及时降挡使车辆保持充足的动力。 (　　)

14．车辆下坡行驶时要适当控制车速，充分利用发动机进行制动。 (　　)

15．车辆下长坡时要降挡行驶，以充分利用发动机的制动作用。 (　　)

16．车辆在下坡时，可充分利用空挡滑行。 (　　)

17．车辆通过山区弯道时，要做到“减速、鸣笛、靠右行”。 (　　)

18．车辆在山区道路下陡坡时，不得超车。 (　　)

19．车辆在山区道路上陡坡时，应在坡底提前降挡，加速冲坡。 (　　)

20．车辆进入山区道路后，要特别注意“连续转弯”标志，并主动避让车辆及行人，适时减速和提前鸣喇叭。 (　　)

21．车辆在山区上坡路行驶时，降挡要及时、准确、迅速，避免拖挡行驶导致发动机动力不足。 (　　)

22．通过山区危险路段时，应谨慎驾驶，避免停车。 (　　)

23．通过经常发生塌方、泥石流的山区路段时，不能停车。 (　　)

24．相对白天而言，夜间行车时车辆灯光的照射范围小，驾驶员的视野受限。 (　　)

25．夜间驾驶车辆时，驾驶员不容易产生视觉疲劳。 (　　)

26．夜间行车时，驾驶员的视野受限，很难观察到灯光照射区域以外的交通情况，因此要减速行驶。 (　　)

27．夜间行车时，要尽量避免超车，确需超车时，可变换远、近光灯向前车示意。(　　)

28．夜间通过没有路灯的路段或路灯照明不良时，应将近光灯换为远光灯，但同向行驶的后车不得使用远光灯。 (　　)

29．夜间行车，遇对面来车未关闭远光灯时，应减速行驶，以防两车灯光的交汇处有行人通过发生事故。 (　　)

30．夜间行车，遇对面来车不关闭远光灯时，应及时减速或停车让行。 (　　)

§3-6　特殊气象条件及特殊路段的安全驾驶

一、单选题

1．雨天对安全行车的主要影响是（　　）。

A．电器设备易受潮短路　　B．路面湿滑，视线受阻

C．发动机易熄火　　D．行驶阻力增大

2．当车辆在湿滑路面上行驶时，轮胎附着力随车速的增加（　　）。

A．急剧增大　　B．逐渐增大　　C．急剧减小　　D．没有变化

3．雾天对安全行车的主要影响是（　　）。

A．发动机易熄火　　B．易发生侧滑

C．行驶阻力增大　　D．能见度低，视线不清

4．冰雪道路对安全行车的主要影响是（　　）。

A．电器设备易受潮短路　　B．能见度低，视野模糊

C．行驶阻力增大　　D．路面湿滑，日光反射强烈，影响视线

5．在冰雪道路上行车时（　　）。

A．制动距离延长　　B．抗滑能力增强

C．路面附着力增大　　D．制动性能没有变化

6．泥泞道路对安全行车的主要影响是（　　）。

A．行驶阻力变小　　B．车轮极易滑转和侧滑

C．能见度低，视野模糊　　D．路面附着力增大

7．积水较深的路面影响行车安全，不易通行的原因是（　　）。

A．无法观察到暗坑和凸起的路面　　B．路面滑溜，制动时容易侧滑

C．车辆容易打滑　　D．日光反射阻挡视线

8．在暴雨天气驾车，雨刮无法刮净雨水时，应（　　）。

A．减速行驶　　B．集中注意力谨慎驾驶

C．立即减速靠边停驶　　D．以正常速度行驶

9．在冰雪路面上减速或停车，应充分利用（　　）降低车速。

A．行车制动器　　B．发动机的制动作用

C．驻车制动器　　D．缓速器

10．雪天行车时，为预防车辆侧滑或与其他车辆发生剐蹭，应（　　）。

A．减速行驶并保持安全距离　　B．紧跟前车并鸣喇叭提醒

C．与前车保持较小的间距　　D．与旁边车道的车保持较小的横向间距

11．雾天行车时，应及时开启（　　）。

A．倒车灯　　B．近光灯　　C．远光灯　　D．雾灯

12．在泥泞路段行车，应选用适当挡位，（　　）控制速度，匀速一次性通过。

A．用驻车制动器　　B．踏下离合器踏板

C．踏制动踏板　　D．用加速踏板

13．在泥泞路段行车，遇车轮空转打滑时，应（　　）。

A．挖去泥浆，铺上沙石草木　　B．换高速挡

C．猛转转向盘　　D．猛踏加速踏板

14．大风天气行车，风速和风向往往不断发生变化，当感到转向盘突然“被夺”时，一定要（　　）并减速。

A．逆风向转动转向盘　　B．顺风向转动转向盘

C．采取紧急制动　　D．双手稳握转向盘

15．车辆涉水后，应保持低速行驶，（　　）制动踏板，以恢复制动效果。

A．缓踏　　B．间断重踏

C．持续轻踏　　D．间断轻踏

16．驾驶车辆行经施工路段时，应（　　）。

A．选择适当地点停车　　B．按照指路标志和指示牌绕行

C．靠右侧慢慢通过　　　　D．靠左侧减速行驶

17．在铁路道口内，车辆出现故障无法继续行驶时，应（　　）。

A．想办法尽快修好车辆　　　　B．尽快设法使车辆离开道口

C．在车上等待救助　　　　D．下车等待援助

18．高温天气导致沥青路面吸热变软或泛油，会使（　　）。

A．轮胎附着力下降　　　　B．发动机过热

C．驾驶员疲惫　　　　D．发动机动力下降

19．低温天气行车，会使（　　）。

A．路面湿滑　　　　B．发动机机械故障增加

C．驾驶员疲惫　　　　D．轮胎气压降低

20．车辆处于沙尘暴环境中时，驾驶员应（　　）。

A．加速通过　　　　B．开启前照灯

C．匀速行驶　　　　D．及时停靠在安全区域

二、判断题

1．狂风袭来，可能会使行驶中的车辆产生横向偏移。（　　）

2．在冰雪道路上行车时，由于积雪对光线的反射，极易造成驾驶员眩目而产生错觉。（　　）

3．在冰雪道路上行车时，车辆的稳定性降低，加速过急时车轮极易空转或溜滑。（　　）

4．在泥泞路上制动时，车轮易发生侧滑或甩尾，导致交通事故。（　　）

5．在漫水道路上行车时，应使用高速挡快速通过。（　　）

6．遇风、雨、雪、雾等复杂气象条件，前车速度较低时，应开启前照灯，连续鸣喇叭迅速超越。（　　）

7．雨天路面湿滑，车辆制动距离增大，行车中应尽量使用紧急制动减速。（　　）

8．雾天在一般道路上行车时，应同时打开雾灯和远光灯。（　　）

9．雾天行车中应尽量少用甚至不用喇叭。（　　）

10．在大雨天行车，为避免发生“水滑”而造成危险，要控制速度行驶。（　　）

11．浓雾天气能见度低，开启远光灯能提高能见度。（　　）

12．雾天行车时多使用喇叭可引起其他车辆注意；听到其他车辆鸣喇叭，也应鸣喇叭回应。（　　）

13．大风天气行车中，如果遇到狂风袭来，感觉车辆产生横向偏移时，要急转转向盘以恢复行驶方向。（　　）

14．在冰雪路面上行车，必须降低车速、加大安全距离。（　　）

15．雪天行车中，在有车辙的路段应循车辙行驶。（　　）

16．车辆在冰雪路面紧急制动时易产生侧滑，应降低车速，利用发动机制动进行减速。（　　）

17．车辆行至泥泞或翻浆路段时，应停车观察，选择平整、坚实或有车辙的路段通过。（　　）

18．车辆在泥泞路行驶中发生侧滑时，要冷静清醒，在抬加速踏板的同时，向后轮侧滑的一方缓慢转动转向盘进行修正。（　　）

19．车轮涉水后，制动器的制动效果不会改变。（ ）

20．长途行车应进行间歇性的停车休息，一方面恢复驾驶员的精神状态，另一方面让轮胎散热，防止因轮胎温度过高造成行驶中爆胎。（ ）

21．高温天气行车中应注意观察冷却液温度的变化，防止冷却液温度异常升高。（ ）

22．车辆行驶至施工路段，应按照工作人员的指挥或指示牌指示的道路减速慢行。（ ）

23．行车中遇到涉水路段，应加速通过，防止发动机在水中熄火。（ ）

24．在冰雪路面上起步时，驾驶员应猛踏加速踏板，提高车轮转速，防止溜车。（ ）

第四章　紧急情况的应急处置知识

§4-1　行驶中突发情况的应急措施

一、填空题

1．驾驶活动中常见的突发情况包括＿＿＿＿＿＿、＿＿＿＿、＿＿＿＿＿＿、＿＿＿＿＿＿、侧滑、自燃等。

2．车辆碰撞的形式有＿＿＿＿＿＿、＿＿＿＿＿＿、＿＿＿＿＿＿、＿＿＿＿＿＿。

3．车辆发生碰撞的常见原因有＿＿＿＿＿＿＿＿、车辆技术状况恶化、驾驶员操作不规范、未保持安全距离、＿＿＿＿＿＿、＿＿＿＿＿＿、＿＿＿＿＿＿＿＿＿＿。

4．导致车辆侧滑的因素有＿＿＿＿＿＿＿＿＿＿、＿＿＿＿＿＿＿＿＿＿、＿＿＿＿＿＿＿＿＿＿＿。

二、单选题

1．发现轮胎漏气时，驾驶员应紧握转向盘，(　　)，极力控制行驶方向，尽快驶离行车道。

A．迅速制动减速　　B．慢慢制动减速

C．迅速向另一侧转向　　D．采取紧急制动

2．因轮胎漏气驶离主车道时，驾驶员(　　)。

A．可采用紧急制动　　B．可迅速向相反一侧转向

C．不可采用紧急制动　　D．应迅速转向、制动

3．后轮胎爆裂时，驾驶员应保持镇定，(　　)，极力控制车辆保持直线行驶，减速停车。

A．迅速转动转向盘调整　　B．双手紧握转向盘

C．迅速向相反方向转动转向盘　　D．迅速采取制动措施

4．驾驶员意识到前轮胎爆裂时，应双手紧握转向盘，(　　)，极力控制车辆直线行驶。

A．松抬加速踏板　　B．及时稳住加速踏板

C．迅速拉紧驻车制动器操纵杆　　D．迅速踏下制动踏板

5．前轮爆胎时，危险较大，驾驶员一定要极力控制转向盘，迅速(　　)。

A．减速　　B．抢换低速挡

C．制动停车　　D．采取紧急制动

6. 前轮胎爆裂导致已出现转向过度时，驾驶员不要过度矫正，应在控制住方向的情况下，(　　)，使车辆缓慢减速。

A. 采取紧急制动　　B. 使用驻车制动器

C. 轻踏制动踏板　　D. 迅速踏下制动踏板

7. 行车中发生爆胎时，驾驶员应尽量采用(　　)的方法，使车辆缓慢减速。

A. 紧急制动　　B. 向相反方向急转转向盘

C. 急踏制动踏板　　D. 强制降挡

8. 行车中发生爆胎，尚未控制住车速前，驾驶员应(　　)，以避免车辆横甩发生更大的险情。

A. 冒险使用行车制动器　　B. 急转转向盘

C. 松抬加速踏板　　D. 急踏制动踏板

9. 行车中轮胎突然爆裂时，应急措施是(　　)。

A. 迅速制动减速　　B. 紧握转向盘，尽快平稳停车

C. 迅速转动转向盘调整方向　　D. 低速行驶，寻找换轮胎地点

10. 行车中轮胎突然爆裂时，不正确的做法是(　　)。

A. 保持镇静，缓抬加速踏板

B. 紧握转向盘，控制车辆直线行驶

C. 采取紧急制动，在最短的时间内停车

D. 待车速降低后，再轻踏制动踏板

11. 轮胎气压过低而高速行驶时，会使轮胎出现波浪变形，温度升高，导致(　　)。

A. 气压不稳　　B. 气压更低

C. 行驶阻力增大　　D. 爆胎

12. 避免爆胎的错误做法是(　　)。

A. 降低轮胎气压　　B. 定期检查轮胎

C. 及时清理轮胎沟槽里的异物　　D. 更换有裂纹或有很深损伤的轮胎

13. 驾驶员发现车辆转向不灵活时，错误的做法是(　　)。

A. 应尽快减速停车　　B. 在安全地点停车

C. 继续驾驶　　D. 停车查明原因

14. 装有动力转向的车辆，驾驶员突然发现转向困难，操作费力，应尽快减速，(　　)。

A. 紧握转向盘，保持直线行驶　　B. 控制转向，缓慢行驶

C. 继续驾驶　　D. 选择安全地点停车，查明原因

15. 转向失控后，若车辆偏离直线行驶方向，应(　　)，使车辆尽快减速停车。

A. 轻踏制动踏板　　B. 拉紧驻车制动器操纵杆

C. 迅速抢挡减速　　D. 果断地连续踩踏、放松制动踏板

16. 当车辆转向失控，行驶方向偏离，事故已经无可避免时，应(　　)，减轻撞车力度。

A. 尽快减速，极力缩短停车距离　　B. 迅速转向进行调整

C. 迅速向无障碍一侧转向躲避　　D. 迅速向有障碍一侧转向躲避

17. 高速行驶的车辆在转向失控的情况下紧急制动，很容易造成(　　)。

A．侧滑　　B．翻车　　C．车厢前移　　D．爆胎

18．制动时车轮最容易抱死的路面是（　　）。

A．混凝土路　　B．土路　　C．冰雪路面　　D．沙土路

19．防抱死制动系统（ABS）可以有效防止（　　）时车轮抱死，并最大限度地发挥制动器的效能。

A．间歇制动　　B．持续制动　　C．缓踏制动踏板　　D．紧急制动

20．行车中制动突然失效时，驾驶员要沉着镇静，握紧转向盘，（　　）进行减速。

A．连续踩踏制动踏板　　B．利用“抢挡”或驻车制动

C．迅速踏下离合器踏板　　D．迅速拉紧驻车制动器操纵杆

21．下坡路上突然制动失效时，不可采用的办法是（　　）。

A．将车辆向上坡道方向行驶

B．用车身靠向路旁的岩石或树林碰擦

C．利用道路边专设的避险车道停车

D．拉紧驻车制动器操纵杆或越二级挡位降挡

22．最容易发生侧滑的路面是（　　）。

A．干燥水泥路面　　B．下雨开始时的路面

C．潮湿水泥路面　　D．大雨中的路面

23．车辆发生侧滑时应立即（　　），同时向侧滑的一方转动转向盘，并及时回转进行调整，修正方向后继续行驶。

A．拉紧驻车制动器操纵杆　　B．踏下加速踏板

C．踏下离合器踏板　　D．松抬制动踏板

24．车辆在泥泞路上发生侧滑时（后轮），应（　　）。

A．向侧滑的一侧转动转向盘适量修正

B．向侧滑的另一侧转动转向盘适量修正

C．迅速制动减速

D．迅速制动停车

25．因转向或擦撞引起的车辆侧滑，（　　）。

A．不可使用行车制动　　B．可缓踏制动踏板

C．可使用行车制动　　D．可使用间歇制动

26．行车中与其他车辆有迎面碰撞可能时，应先（　　），并迅速踩踏制动踏板。

A．采取制动措施　　B．向左侧转向

C．向右侧稍转方向，随即适量回转　　D．采取保护自己的措施

27．行车中与其他车辆已不可避免地将要发生正面碰撞时，应（　　），以减少正面碰撞力。

A．改正面碰撞为侧面碰撞　　B．紧急制动

C．向右急转转向盘躲避　　D．向左急转转向盘躲避

28．车辆发生撞击的位置不在驾驶员一侧或撞击力量较小时，不正确的做法是（　　）。

A．紧握转向盘　　B．两腿向前蹬

C．从一侧跳车　　D．身体向后紧靠座椅

29．车辆行驶速度较低时遇到突发情况，为避免碰撞发生，驾驶员应（　　）。

A．猛踏制动踏板　　B．先转向再减速

C．先制动再转向　　D．捂住双眼

30．如果碰撞无法避免，驾驶员应控制车辆，尽量保持（　　）。

A．侧面碰撞　　B．斜碰撞

C．正面碰撞　　D．身体侧躺

三、判断题

1．在选用轮胎时，驾驶员要看清轮胎上的速度级别标志和承载能力标志，选用高于车辆最高行驶速度和最大承载量的轮胎，以保证行车安全。（　　）

2．轮胎气压过高、过低都会引发轮胎过度磨损，但不会造成爆胎。（　　）

3．绝大多数碰撞事故都是由于制动系统存在问题或驾驶员没有及时采取制动措施造成的。（　　）

4．转向失控在驾驶活动中的体现就是驾驶员无法控制车辆按照预期的线路行进。（　　）

5．车辆电线老化或接驳不当造成短路或产生火花，容易导致车辆自燃。（　　）

6．在冰雪、泥泞、湿滑和砂石等路面上空挡滑行、猛转转向盘、紧急制动和加速及车辆重心过高等都极易造成车辆侧滑。（　　）

7．汽车侧滑的处置要根据引起侧滑的原因而采用不同的方法。（　　）

8．侧滑其实是汽车的一种失控状态，它对行车安全威胁较大，极易引发恶性交通事故。（　　）

9．爆胎的产生机理有两种，一种是内部气压的突然变化，另一种是外界条件的突然变化。（　　）

10．驾驶员发现轮胎漏气，将车辆驶离主车道时，不要采用紧急制动，以免造成翻车或后车采取制动不及时导致追尾事故。（　　）

11．车辆后轮胎爆裂，车尾会摇摆不定，驾驶员应双手紧握转向盘，控制车辆保持直线行驶，减速停车。（　　）

12．车辆前轮胎爆裂，危险较大，行驶方向会立刻向爆胎车轮一侧跑偏，直接影响驾驶员对转向盘的控制。（　　）

13．行车中车辆发生爆胎时，驾驶员应迅速向相反方向急转转向盘控制行驶方向。（　　）

14．行车中车辆突然爆胎时，驾驶员切忌慌乱中急踏制动踏板，尽量采用“抢挡”的方法，利用发动机制动使车辆减速。（　　）

15．行车中车辆前轮爆胎，已发生转向时，驾驶员应双手紧握转向盘，尽力控制车辆直线行驶。（　　）

16．驾驶员发现转向突然不灵，但还可实现转向时，应低速将车开到附近修理厂修好后再行驶。（　　）

17．车辆转向突然失控，若车辆和前方道路情况允许保持直线行驶时，不可使用紧急制动。（　　）

18．高速行驶的车辆，在转向失控的情况下紧急制动，很容易翻车。（　　）

19．车辆转向突然失控时，应立即用力踏下制动踏板，使车辆尽快减速至停止。（　　）

20．当车辆已偏离直线行驶方向，事故已经无可避免时，应果断地连续踏制动踏板，尽量缩短停车距离，减轻撞车力度。（　　）

21．驾驶员发现安装有防抱死制动系统（ABS）的车辆转向失效时，应轻踏制动踏板。（　　）

22．安装有防抱死制动系统（ABS）的车辆制动时，其制动距离与未安装该系统的一样。（　　）

23．制动突然失效，避让障碍物时，要掌握“先避人，后避物”原则。（　　）

24．制动时前车轮抱死会出现丧失转向能力的情况。（　　）

25．制动时后车轮抱死可能会出现侧滑甩尾的情况。（　　）

26．为发挥最大制动作用，使用驻车制动器时不可将操纵杆一次性拉紧。（　　）

27．出现制动失效后，应以控制方向为第一应急措施，再设法控制车速。（　　）

28．下坡路制动突然失效，在不得已的情况下，可用前保险杠侧面撞击山坡，迫使车辆停住。（　　）

29．制动失效后，驾驶员应立即寻找并冲入紧急避险车道；停车后，拉紧驻车制动器操纵杆，以防溜车发生二次险情。（　　）

30．下坡路制动失效后，若无可利用的地形和时机，应迅速逐级或越一级降挡，利用发动机的制动作用控制车速。（　　）

31．转弯时速度过快，车辆容易冲出弯道或侧滑。（　　）

32．车辆在泥泞、湿滑路面上紧急制动时，易产生侧滑，甚至造成翻车、坠车或与其他车辆、行人相撞。（　　）

33．车内仪表台或中控台上禁止放置香水瓶、镜子等物品。（　　）

34．车厢内易燃货物起火时，驾驶员应选择空旷位置停车，及时报警并取下随车灭火器进行火势控制。（　　）

35．行车中发现发动机舱有烟雾冒出，应及时停车打开发动机舱盖进行检查。（　　）

36．车身稳定系统可以帮助驾驶员在转弯时对车辆进行控制。（　　）

37．刚清洗过的车辆避免阳光照射，是为了防止车内起火。（　　）

§4-2　车辆发生交通事故时的应急措施

一、填空题

1．交通违章是指交通参与者在参与交通活动的过程中违反道路交通管理规章的规定，影响＿＿＿＿＿＿＿、妨碍＿＿＿＿＿＿＿、危害＿＿＿＿＿＿＿的行为。

2．交通事故是指车辆在道路上因＿＿＿＿或＿＿＿＿造成的人身伤亡或财产损失的事件。

3．汽车发生交通事故主要与＿＿＿、＿＿＿、＿＿＿、＿＿＿四个方面有关，其中＿＿＿＿＿＿是造成交通事故的主要原因。

4．在道路上发生交通事故，车辆驾驶员应______________，______________。

5．交通事故现场是反映道路交通事故前后过程的空间场所，存在大量的事故痕迹和物证，是交警______________、______________、______________和______________的关键。

二、判断题

1．事故造成人员伤亡的，当事人应以人为本，根据实际情况采取措施抢救伤者。（　　）

2．事故造成人身伤亡的，车辆驾驶员应立即抢救受伤人员，并迅速报告执勤的交通警察或公安机关交通管理部门。（　　）

3．驾驶员在行驶中对前方车辆、行人动态、道路情况没有做出预判就盲目通过，容易造成交通事故。（　　）

4．在道路上发生交通事故，未造成人身伤亡，当事人对事实及成因无争议的，不可以即行撤离现场、恢复交通、自行协商处理损害赔偿事宜。（　　）

5．在道路上发生交通事故，仅造成轻微财产损失，并且基本事实清楚的，当事人应先撤离现场再进行协商处理。（　　）

6．车辆碰撞建筑物、公共设施或其他设施的情况下应迅速报警。（　　）

7．当事人双方在事故现场就损失的赔偿金额及赔付方式达成一致并及时履行，即为自行协商解决。（　　）

8．有人员受伤时，不要随意移动伤者，以免造成二次损伤，除非伤者面临危险。（　　）

9．保险事故是指被约定在保险合同中，由保险人负责赔偿的事故。（　　）

10．对交通事故损害赔偿的争议，当事人可以请求公安机关交通管理部门调解，也可以直接向人民法院提起民事诉讼。（　　）

§4-3　自救、急救方法及危险物品常识

一、填空题

1．汽车火灾常由__________、__________、__________、__________等原因导致，发动机火灾大多是燃油被明火或过热的排气管点燃而引起的。

2．如果汽车发生火灾，驾驶员应立刻关闭______________、______________，立即设法组织车内人员远离车体。

3．危险物品是指具有________、________、________、感染、腐蚀、放射性等危险特性，在运输、贮存、生产、经营、使用和处置中，容易造成人身伤亡、财产损毁或环境污染而需要特别防护的物质和物品。

4．常见的易燃易爆气体有液化石油气、________、________、________、氨气等。

5．有毒有害品的形态包括固体、液体和气体，可通过人体的___________、___________、___________对人体造成侵害。

二、单选题

1．发动机着火时，错误的做法是（　　）。

A．迅速关闭发动机　　B．用覆盖法灭火

C．开启发动机舱盖灭火　　D．用灭火器灭火

2．车辆燃油着火时，不能用于灭火的是（　　）。

A．路边沙土　　B．棉衣　　C．工作服　　D．水

3．救火时错误的做法是（　　）。

A．站在下风处灭火　　B．脱去所穿的化纤服装

C．注意保护暴露在外面的皮肤　　D．不要张嘴呼吸或高声呐喊

4．使用灭火器灭火时，错误的做法是（　　）。

A．人要站在上风处　　B．尽量远离火源

C．灭火器瞄准火源　　D．灭火器瞄准火苗

5．车辆向深沟连续翻滚时，身体应迅速躲向座椅前下方，抓住（　　）等将身体稳住，避免身体滚动受伤。

A．踏板　　B．转向柱

C．转向盘　　D．变速器操纵杆

6．发生缓慢翻车而跳车逃生时，应向（　　）跳车。

A．行进的前方　　B．翻车方向

C．翻车相反方向　　D．翻车一侧

7．车辆突然发生侧翻时，错误的做法是（　　）。

A．双手紧握转向盘　　B．双脚钩住踏板

C．背部紧靠座椅靠背　　D．开启车门跳车

8．车辆行驶中突然落水，应当（　　）逃生。

A．立即开门跳车

B．车落稳后，开门游出

C．车落稳后，砸碎侧窗玻璃游出

D．关闭车窗，打电话求救

9．车辆不慎落水时，可选择的自救方法是（　　）。

A．敲碎侧窗玻璃　　B．关闭车窗

C．打电话求救　　D．开启车门

10．车辆落水后，错误的做法是（　　）。

A．敲碎玻璃　　B．打电话求救

C．让水慢慢浸满驾驶室　　D．开启车窗

11．车辆不慎落水，由于外部水的压力较大很难开启车门时，应迅速（　　），才有逃生的希望。

A．用工具撬开车门　　B．关闭车窗阻挡向车内进水

C．打电话求救　　D．开启车窗或敲碎车窗玻璃

12．抢救伤员时，应（　　）。

A．先救命，后治伤　　B．先治伤，后救命
C．先帮轻伤员　　D．后救重伤员

13．遇伤员被压于车轮或货物下时，错误的方法是（　　）。
A．设法移动车辆　　B．采取相应的救护方法
C．拉拽伤者的肢体　　D．搬掉货物

14．遇重、特大事故，有众多伤员需送往医院时，应首先将（　　）的伤员送往医院。
A．伤口较大　　B．骨折　　C．烧伤　　D．处于昏迷状态

15．搬运昏迷或有窒息危险的伤员时，应采用（　　）的方式。
A．俯卧　　B．仰卧　　C．侧卧　　D．侧俯卧

16．抢救失血伤员时，应先进行（　　）。
A．观察　　B．包扎　　C．止血　　D．询问

17．救助全身燃烧伤员的错误措施是（　　）。
A．用沙土覆盖　　B．迅速扑灭衣服上的火焰
C．向身上喷冷水　　D．脱掉烧着的衣服

18．救助有害气体中毒伤员的急救措施是（　　）。
A．采取保暖措施　　B．将伤员移到有新鲜空气的地方
C．进行人工呼吸　　D．进行胸外心脏按压

19．对无骨端外露骨折伤员的肢体，用夹板或木棍、树枝等固定时应（　　）。
A．超过伤口上、下关节　　B．超过伤口下关节
C．超过伤口上关节　　D．不得超过伤口上、下关节

20．关节损伤（扭伤、脱臼、骨折）的伤员，（　　）。
A．允许改变损伤时的位置　　B．应避免活动
C．尽量自行复位　　D．可适当调整损伤时的姿势

21．（　　）是指有整体爆炸危险的物质和物品。
A．爆炸品　　B．易燃固体　　C．易燃气体　　D．自燃物品

22．火药、炸药和起爆药属于（　　）。
A．氧化性物质　　B．易燃固体　　C．爆炸品　　D．自燃物品

三、判断题

1．骨折后切勿移动或被别人错误移动和包扎。（　　）

2．车辆着火车门无法打开时，可砸破车窗或前、后风窗玻璃逃离。（　　）

3．汽油着火时，不可用水灭火，否则会使火势蔓延。（　　）

4．车辆不慎落入水中，驾驶员应在水淹没蓄电池前先打开电子中控锁，以防失灵。（　　）

5．抢救伤员时，先救命，后治伤。（　　）

6．受伤者在车内无法自行下车时，可设法将其从车内移出，避免二次受伤。（　　）

7．抢救或处理失血伤员时，应首先通过外部压力，使伤口的流血止住，用毛巾或其他替代品暂时包扎，以免失血过多。（　　）

8．抢救烧伤人员时应迅速扑灭伤员衣服上的火焰，向伤员身上喷冷水，脱掉烧着的衣服，用消过毒的绷带包扎烧伤口。（　　）

9．易燃易爆气体遇明火，或与氧化剂接触，或在热传递作用下，能够引起燃烧爆炸。（　　）

10．遇湿易燃物品具有遇水燃烧性和自燃性。（　　）

11．当车辆发动机舱冒烟或车内有异常烟雾等情况时，驾驶员应迅速停车，然后切断电源，取下随车灭火器，检查车辆冒烟原因。（　　）

12．车辆不慎落水后，驾驶员应保持冷静，并告知乘员不要慌张，做好深呼吸，待水快浸满车厢时，开启车门或车窗逃生。（　　）

13．车辆落水后，由于外部水的压力较大很难开启车门时，应采取一切可能的办法阻挡水进入车内，才有逃生的希望。（　　）

14．车辆落水后，应迅速关闭车窗阻挡车内进水，短暂闭绝空气，可打电话告知救援人员失事地点，等待救援。（　　）

15．车辆发生火灾时，应设法将车辆停在远离城镇、建筑物、树木、车辆及易燃物的空旷地带，及时把事故情况和地点通报给救援机构。（　　）

16．发动机着火时，应迅速关闭发动机，开启发动机舱盖进行灭火。（　　）

17．水既可以用于熄灭木材、纸张、布匹和轮胎着火，又能用来熄灭电器、汽油着火。（　　）

18．含酒精的冷却液着火时，可立即用水浇泼着火部位，以冲淡酒精冷却液的浓度。（　　）

19．救火时，应脱去所穿的化纤服装，注意保护暴露在外面的皮肤。（　　）

20．救火时，不要张嘴呼吸或高声呐喊，以免烟火灼伤上呼吸道。（　　）

21．使用灭火器救火时，人要站在上风处，用灭火器瞄准火苗，借风势将泡沫吹向火源。（　　）

22．驾驶员在逃离火灾前，应关闭点火开关、电源总开关和百叶窗，并设法关闭油箱开关。（　　）

23．烧伤伤员口渴时，可喝少量的淡盐水。（　　）

24．危险化学品具有爆炸、易燃、毒害、腐蚀、放射性等特性。（　　）

第五章　汽车维护保养

§5-1　汽车运行材料的使用常识

一、填空题

1. 汽油的牌号代表其__________高低，其值越高，抗爆性就越__________。选择牌号___________的汽油，会使发动机产生爆震，严重时还会使发动机损坏；选择牌号__________的汽油，会额外增加汽油的使用费用。

2. 选择车用汽油的牌号时可参考车辆的使用说明书，一般在_______________________上粘贴有该车辆可选用汽油牌号的标签。

3. 车用柴油的牌号是按照其__________的高低来表示的。牌号______的柴油低温流动性好，发动机在低温时易起动。

4. 汽车润滑剂主要包括发动机__________、__________、__________三大类。

5. 机油质量等级分类中字母“S”和“C”分别代表________________________机油与____________________机油。

6. 汽油发动机机油的质量等级为从“SA”到“SN”，英文字母顺序越靠后表示该机油质量等级越________。

7. 机油黏度等级 SAE10W-30 中的 10W 表示该机油最低使用环境温度为________，而 W 后面的 30 则代表机油在 100 ℃时的运动黏度，数值越大，机油在高温时黏度越________。

8. 车辆齿轮油用于__________、__________、__________等汽车传动机构和转向机构中。

9. 汽车润滑脂主要用于汽车____________、____________等零部件的润滑，主要指标是__________。

10. 目前市面上广泛使用的冷却液是____________型，一般可用________年，选择时优先选用推荐的冷却液，并按要求定期更换，有些车型在____________上标注有该车所加的冷却液的型号。

11. 车辆正常行驶____万千米或使用超过____年时，应及时更换制动液。

12. 自动变速器油简称________，换自动变速器油时应严格按照车辆使用说明书规定的换油里程或换油周期更换。如果车辆使用说明书中未标明自动变速器油的更换时间，则按照每行驶________万千米进行更换。

二、单选题

1．选用柴油时，应参照当地（　　）气温选用柴油的牌号。

A．最高　　B．最低

2．柴油机油是指柴油（　　）使用的润滑油。

A．高压泵　　B．发动机　　C．变速器　　D．输油泵

三、判断题

1．车用柴油的牌号是按照其辛烷值的高低来表示的。（　　）

2．与矿物机油相比，合成机油的抗高温氧化、抗黏度变化、抗磨损能力更强，使用合成机油的换油里程可延至 8 000 ~ 10 000 km。（　　）

3．机油品质标号中“S”与“C”同时出现，表示该机油同时适用于汽油发动机与柴油发动机，且优先适用于汽油发动机。（　　）

4．能满足冬季、夏季通用黏度要求的机油称为多级机油。（　　）

5．原则上主要根据气温、工况和发动机的技术状况等选择发动机机油的黏度等级。（　　）

6．车辆齿轮油的分类与发动机机油一样，大部分国家采用美国 SAE 的车辆齿轮油黏度分类和 API 的车辆齿轮油质量等级分类。（　　）

7．等级低的齿轮油不能用在要求较高的车辆上，等级高的齿轮油可降级使用，但等级过高则经济上不划算。（　　）

8．齿轮油的黏度应以能保证润滑为主，尽可能选用多级齿轮油，如果黏度过高会显著增加油料消耗。（　　）

9．选用润滑脂时，不同牌号和新、旧润滑脂可混合使用。（　　）

10．可根据汽车维修及保养手册的规定优先选用推荐的冷却液，并按要求定期更换。（　　）

11．使用中若冷却液的液位过低，应补充同类型的冷却液；若液位因蒸发而过低，则应补加软水。（　　）

12．不同型号的冷却液能混用，当发现有悬浮物与沉淀物或变质发臭时，应更换冷却液。（　　）

13．不同品种、牌号的制动液可以混用。（　　）

14．应按汽车使用说明书的要求，定期更换制动液。（　　）

15．制动液应密封存放，避免吸收空气中的水分后沸点下降。（　　）

16．在对制动液进行加注及排气操作时，必须由经过培训的专业技术人员在通风良好的环境中进行。（　　）

§5-2　轮胎的检查与更换

一、填空题

1. 轮胎型号 195/55 R15 85V 中，195 表示________，55 表示________，R 表示________轮胎，15 表示________，85 表示________，V 表示________。

2. 轮胎气压是决定轮胎使用寿命和轮胎工况的主要因素，标准轮胎气压标注在________上。轮胎行驶里程达到________km 时应进行一次轮胎换位。

二、判断题

1. 装在同一车轴上的轮胎，其规格、型号、轮毂材料应相同。（　　）
2. 磨损程度及新旧程度相差较大的轮胎不宜同轴安装。（　　）
3. 双胎并装时要求两个轮胎同品牌、同厂生产，对两个轮胎的磨损程度没有要求。（　　）
4. 可用放气调压和泼水降温的方法来降低轮胎气压和轮胎温度。（　　）

§5-3　汽车磨合期的驾驶

一、填空题

1. 驾驶员应认真做好车辆磨合期的日常维护，经常检查、________各外露部位的________、螺母。

2. 磨合期维护分为________、________、________三个阶段。

3. 驾驶员收车后，应注意清洁、________、________、紧固及补给________、________、电解液等。

4. 汽车磨合期的行驶里程一般为________km，进口汽车按制造厂的磨合期规定进行，有些高级轿车按规定无磨合期。

二、单选题

1. 新车或发动机大修后的车辆，在投入运行的初期称为（　　）。

A．磨损期　　B．磨合期

C．保养期　　D．维护期

2. 磨合期行驶 200 km 以内时，汽车不得装载；1 500 km 以内时，汽车装载量不得超过额定装载量的（　　）。

A．50%　　B．30%　　C．70%　　D．90%

三、判断题

1．新车、大修车以及装用大修发动机的汽车在投入使用时都应进行磨合，经过磨合期维护后，才可投入正常使用。（　　）

2．新车磨合期内不需要严格控制车速，也不需要适当减载。（　　）

3．汽车磨合完毕后应按制造厂家的规定，到就近的技术服务中心进行磨合维护。（　　）

4．车辆在磨合期内怠速、低速行驶、高速行驶时均应注意机油压力。（　　）

§5-4　汽车维护基础

一、填空题

1．汽车日常维护的主要内容是坚持“三检”，即__________、__________、__________检视车辆的安全机构及各机件连接部位的紧固情况；保持“四清”，即保持______________、______________、______________、______________的清洁；防止“四漏”，即防止______、______、______、______，以保持车容整洁、车况良好。

2．检查发动机机油油位时，应将车辆停放在水平地面上，并且保证发动机停止运转______min 以上。

3．发动机冷却液液位应在膨胀水箱的________________之间。如果液位在 MIN 标记以下，在确认冷却系统没有泄漏的情况下，添加______________的冷却液至规定刻度。

4．观察免维护蓄电池状态观察窗口的颜色，______色表示蓄电池电量充足；______色表示蓄电池电量低，需充电；______色表示蓄电池损坏。

5．若制动液液位低于 MIN 标记，应查看制动液管路是否泄漏，在无泄漏的情况下，由________________添加制动液至规定液位高度范围内。

6．正常的变速器油为______色，油质清澈纯净。

7．开始行驶时，检查离合器的________、________功能，检查________________、________________的制动性能。

8．行车中，应随时注意各仪表、各______________、各______________的指示情况；注意检查______________的操纵性，有无跑偏、摆头现象；注意检查______________，应操作可靠，反应灵敏，并注意发动机和底盘的工作状况以及是否存在异响。

9．途中停车检查时，通常应在行驶______h 左右后进行。停车后应立即检查有关总成部件的________。

10．收车后应按要求补充__________、__________、__________、制动液和转向助力油。

二、单选题

1．(　　)需要起动发动机进行检查。

A．冷却液液位高度　　　　B．空调

C．传动带状况　　D．发动机机油油位

2．首次保养的主要项目为更换发动机机油和（　　）。

A．机油滤清器　　B．冷却液

C．空气滤清器　　D．燃油滤清器

3．为维持汽车良好技术状况或工作能力而进行的作业称为（　　）。

A．汽车修理　　B．汽车维护

C．汽车检测　　D．汽车美容

4．下列不属于车辆首次保养项目的是（　　）。

A．更换机油和机油滤清器　　B．更换空调滤芯

C．检查制动液液位　　D．紧固底盘螺栓

5．下列不属于发动机机油作用的是（　　）。

A．润滑　　B．清洁　　C．密封　　D．形成氧化膜

6．汽车维护的原则是（　　）。

A．预防为主，强制维护　　B．定期维护

C．日常维护　　D．保持技术状况，减少故障

7．车辆行驶中，仪表上　指示灯突然亮起，表示（　　）。

A．机油压力不足　　B．灯电路故障

C．发动机温度过高　　D．机油不足

8．在汽车磨合期内，驾驶汽车应（　　）。

A．高速行驶　　B．多装货物

C．平稳起步　　D．猛踏加速踏板

9．汽车正常行驶时，发现充电指示灯亮说明（　　）。

A．发电机工作正常　　B．发电机发电异常

C．蓄电池无电　　D．蓄电池工作正常

10．在发动机运转的情况下检查车辆，要注意手、衣服、头发和工具不要接触（　　）。

A．风扇　　B．传动带　　C．油箱　　D．A 和 B 都是

11．车辆的常规检查，可依据（　　）来确定检查时间。

A．行驶距离　　B．行驶时间　　C．行驶状态　　D．以上都可以

12．发动机冷却液的更换周期为（　　）左右。

A．半年　　B．1 年　　C．4 年

13．在恶劣行驶情况下，自动变速器油每行驶（　　）万千米更换一次。

A．6　　B．1　　C．12

14．发动机冷却液更换不及时会导致冷却系统中有锈蚀物和水垢积存，这会导致的后果是（　　）。

A．发动机升温慢　　B．热容量减少

C．发动机过热　　D．发动机怠速不稳

15．矿物油型制动液的外观是（　　）。

A．红色混浊液体

B．红色透明液体

C．无色透明液体

16．下列不属于车辆常规检查中发动机舱检查的是（　　）。

A．蓄电池端子松动、腐蚀　　B．冷却液液位

C．驻车制动器的操作　　D．制动液液位

17．下列关于自动变速器油的描述不正确的是（　　）。

A．要求较高的黏度和较高的凝点

B．一般正常行驶情况下每 12 万千米更换一次，恶劣行驶情况下每 6 万千米更换一次

C．能够防止齿轮、轴套、止推垫圈等部件的磨损

D．自动变速器油有良好的抗泡性能

18．下列关于制动液的说法，正确的是（　　）。

A．即使制动液流到车辆的油漆表面也没有问题，因为制动液对橡胶和金属都不会造成腐蚀

B．即使在一种制动液中混入了另一种沸点不同的制动液，原来的沸点仍将保持不变

C．通常制动液也用作离合器液

19．关于手动变速器油位的常用检查方法，下面说法最合理的是（　　）。

A．为了检查手动变速器的油位，卸下加注塞，把旋具或同类工具插入塞孔内

B．为了检查手动变速器的油位，拆下加注塞，把手指插入塞孔，检查在什么位置油能接触到手指

C．为了检查手动变速器的油位，拆下排油塞，放出油，测量油量

20．关于轮胎规格 195/60 R14 86H 中各数字或字母的含义，下列叙述正确的是（　　）。

A．195 表示轮胎的断面高度为 195 mm

B．60 表示轮胎断面的扁平比

C．H 代表轮胎直径

21．某油桶上印有 SJ 和 5W–40 标识，以下解释正确的是（　　）。

A．是多级发动机机油，可在要求使用 SH 级别机油的车辆上四季通用

B．是优质发动机机油，可在某个地区的各类车辆上使用

C．是高级别双曲线齿轮油，有承受强冲击负荷和高速滑动的能力

22．关于柴油发动机的说法，下列叙述错误的是（　　）。

A．低速时的扭矩一般比同排量的汽油发动机高

B．压缩比是汽油发动机的 2 ～ 3 倍

C．随着加速踏板的踏下，发动机进气量增加，电控喷油器喷油量相应增加，输出功率增加

23．检查自动变速器油的油位应在（　　）。

A．发动机保持怠速运转到温度正常时进行

B．发动机熄火状态将换挡杆由 P 挡换到 N 挡再推回 P 挡后进行

C．变速器油达到规定温度后进行

24．下列关于检查转向助力油油位的说法，正确的是（　　）。

A．当发动机怠速时，转动转向盘数次，使转向助力油的温度达到 40 ~ 80 ℃；然后停止发动机并检查储液罐中的油位是否处于规定范围内

B．发动机运转时，检查储液罐中的油位是否处于规定范围内

C．转动转向盘时，检查储液罐中的油位是否处于规定范围内

25．下列关于自动变速器油的叙述，最正确的是（　　）。

A．自动变速器油会随使用时间增加而不断恶化，因此只要按规定时间进行更换就可以了

B．如果不更换自动变速器油，跳挡时会有很大的冲击，但燃油经济性会提高

C．正常情况下，自动变速器油不会明显减少

26．关于雨刮的检查，下列说法正确的是（　　）。

A．通过在风窗玻璃上涂抹发动机机油润滑，检查雨刮的性能

B．可在玻璃干燥的情况下进行，不需要喷玻璃清洗液

C．当关闭雨刮开关后，检查其是否自动停在规定的位置

27．下列关于燃油的说法，正确的是（　　）。

A．辛烷值高的汽油比辛烷值低的汽油引起发动机爆震的可能性小

B．各种不同型号的汽油可以混合使用，并可产生不同标号的汽油

C．柴油的标号是根据柴油的十六烷值来定的

28．下列说法中，正确的是（　　）。

A．可燃性废机油和汽油可直接排到污水管中

B．在拔下插头时，可拉动插头，也可拉动电线

C．处于充电状态的蓄电池附近应无明火

29．技师甲说轮胎气压过低会增加发动机的油耗；技师乙说轮胎气压过低会造成轮胎中部磨损。两个说法中正确的是（　　）。

A．技师甲正确　　B．技师乙正确　　C．两人都正确

30．下列标号的机油中，最适合在北方地区冬季使用的是（　　）。

A．15W–30　　B．10W–30　　C．5W–30

三、判断题

1．车辆常规检查的目的是保证车辆各部分的清洁和润滑以及各总成、部件的正常工作，尤其是要掌握车辆安全部件的技术状况，保证其工作可靠性。（　　）

2．检查轮胎时，若发现轮胎侧面有鼓包，可以不必在意，调整轮胎气压至正常状况即可。（　　）

3．目测轮胎花纹深度时，可检查磨损指示标记是否已经显现出来，若标记与胎冠表面平齐，需要及时更换轮胎。（　　）

4．发动机机油油位的检查需要在发动机起动后立即进行。（　　）

5．如果发动机机油油位低于最低油位线时，可以在发动机中加注其他类型的机油。（　　）

6．若检查发现散热器储液罐中的冷却液量严重不足，需要先检查系统是否有泄漏，然后才能补充冷却液。（　　）

7．如果制动液液位低于 MIN 线或液面过低时，制动液不足警告灯会被点亮。（　　）

8．检查发现玻璃清洗液不足时，可用肥皂水或发动机冷却液替代添加。（　　）

9．在施加驻车制动的情况下检查仪表指示灯时，将点火开关旋至“ON”挡，所有指示灯应该点亮；起动发动机，除安全带指示灯、驻车制动器指示灯外，其他指示灯都应该熄灭。（　　）

10．发动机对于冷却液的型号要求并没有那么严格，所以当冷却液不足时，一般可以添加其他型号的冷却液。（　　）

11．牌号为 10W-30 的机油是多级机油，既可用于冬天，又可用于夏天。（　　）

12．制动液、电解液等飞溅到漆面、地面、人体时应及时清洗处理。（　　）

13．SAE10W-30 机油被称为多级机油，其中 SAE10W 中的数字（如本例中的 10）越小，表明机油在低温时黏度变大的可能性越小。（　　）

14．在冷却液原液中必须按规定比例加入纯净水，否则会影响其冰点。（　　）

15．日常检查时，若发现冷却液液面位于储液罐的“MIN”位置以下，可以不用添加。（　　）

16．检查制动液液面高度时，若发现液面非常低，添加新的同型号制动液即可，不必检查制动系统。（　　）

17．检查蓄电池时，要注意检查蓄电池接线柱的紧固情况，可用手摇晃蓄电池，确保蓄电池支架牢固地固定蓄电池。（　　）

18．检查仪表上的指示灯，要确保在发动机起动之前，点火开关置于“ON”位置时，充电指示灯、驻车制动器指示灯、机油压力指示灯、发动机指示灯、ABS 指示灯、冷却液温度指示灯等能够正常亮起，并且一直到发动机起动后才熄灭。（　　）

19．由于车辆使用环境及机油不同，汽车的维护和保养周期一般根据行驶里程和使用周期而定。（　　）

20．车辆在使用过程中，只要驾驶习惯得当，不出现故障就可以不做保养。（　　）

21．发动机机油长久使用后都会变质，所以需要进行更换，但如果车辆长久都没有使用则不需要更换机油。（　　）

22．加注机油时，加入量越多，越有利于发动机的润滑。（　　）

23．只要轮胎的花纹深度足够就可以一直使用。（　　）

24．四个车轮的轮胎可以根据喜好随意选择搭配。（　　）

25．车辆前、后轮胎的花纹不同，不能进行轮胎换位。（　　）